Claudia Büchler

Lernprogramm Volumen

Differenzierte Übungsblätter mit Lernkontrollen zum Volumen von Flüssigkeiten

3./4. Klasse

Kopiervorlagen mit Lösungen

Gedruckt auf umweltbewusst gefertigtem, chlorfrei gebleichtem und alterungsbeständigem Papier.

1. Auflage 2012
Nach den seit 2006 amtlich gültigen Regelungen der deutschen Rechtschreibung
© by Brigg Pädagogik Verlag GmbH, Augsburg
Alle Rechte vorbehalten.

Originalausgabe © 2007 elk *verlag* AG, CH-Winterthur, www.elkverlag.ch
Claudia Büchler
Leitprogramm Rauminhalte

Das Werk und seine Teile sind urheberrechtlich geschützt. Jede Nutzung in anderen als den gesetzlich zugelassenen Fällen bedarf der vorherigen schriftlichen Einwilligung des Verlages. Hinweis zu § 52a UrhG: Weder das Werk noch seine Teile dürfen ohne eine solche Einwilligung eingescannt und in ein Netzwerk eingestellt werden. Dies gilt auch für Intranets von Schulen und sonstigen Bildungseinrichtungen.

Illustrationen: Istvan Takacs

ISBN 978-3-87101-**806**-0   www.brigg-paedagogik.de

INHALTSVERZEICHNIS

4   Einleitung

9   Aufgabenblätter 1–19 zum Lernprogramm Volumen

27 Zusätzliche Aufgaben: Übungs- und Profiblätter 1–4

35 Lernkontrollen 1–5

50 Hilfsblatt

51 Diplom

52 Lösungsblätter

EINLEITUNG

WAS IST EIN LERNPROGRAMM?
Ein Lernprogramm ermöglicht den Kindern, mithilfe eines vorgegebenen Programms ein Stoffgebiet selbstständig zu erarbeiten.

INDIVIDUELLES LERNEN
Es bietet dem Kind die Möglichkeit, individuell, im eigenen Lerntempo und in angemessenem Schwierigkeitsgrad zu lernen. Es handelt sich um ein Lernen durch Lernaufgaben und gibt dem Kind einen Lernweg zu einem klar vorgegebenen Ziel vor.
Das Lernprogramm eignet sich für Schulklassen, in denen Schüler und Schülerinnen unterschiedliche Lernvoraussetzungen mitbringen, was generell in jeder Schulklasse der Fall ist, jedoch in unterschiedlichem Maß. Es eignet sich auch als Differenzierungsmittel für besonders begabte, lernbereite Kinder und ist ein ausgezeichnetes Mittel, um den Unterricht zu individualisieren.

Jedes Kochrezept ist eigentlich ein Lernprogramm: Man wird Schritt für Schritt angeleitet, wie man eine Aufgabe erfolgreich löst. Man erhält Lernhilfen und kann sein Können mit formativen Lernkontrollen regelmäßig überprüfen.
Der Vorteil von Lernprogrammen besteht im individuellen Lerntempo. Man kann sich zudem stetig vergewissern, was man beherrscht. Es ist eine Anleitung, ein Programm zum Lernen.

WAS GEHÖRT ZUM LERNPROGRAMM?
Im Lernprogramm steht alles, was zum Erlernen eines gewissen Stoffgebietes gebraucht wird. Die Lernziele sind auf jeder Seite in kindgerechter Sprache angegeben. Der Stoff ist leicht verständlich und das Vorgehen wird dem Kind genau erklärt. Es findet Übungen und weiterführende Aufgaben je nach Schwierigkeitsgrad. Das Material zu jeder Aufgabe ist angegeben. Der Band enthält Lösungen, mit denen das Kind seine Aufgaben überprüfen kann.
In regelmäßigen Abständen kann das Kind sein Können und den Lernstand mit formativen Lernkontrollen überprüfen. Diese werden anschließend der Lehrkraft abgegeben, damit sie einen Überblick über die Arbeiten der Schüler erhält. Am Schluss wird das Gelernte anhand von summativen Lernkontrollen überprüft.

FUNKTION DER LEHRKRAFT
Die Lehrkraft hält sich eher im Hintergrund und beobachtet die Arbeitshaltung der Kinder. Sie hilft erst dann, wenn die Kinder alleine nicht mehr weiterkommen. Ab und zu sammelt sie Aufgaben ein und überprüft den Stand jedes Kindes. Die Lernkontrollen unterstützen die Lehrkraft in der Beurteilung und vor allem die summativen Lernkontrollen eignen sich zum Benoten.

WICHTIGE HINWEISE
Dieses Lernprogramm ist für Kinder gedacht, die Ende der 3. Klasse oder Anfang der 4. Klasse stehen. Es dient zur Weiterführung und Festigung des Themas Volumen.

EINSTIEG Sie können mit der Forelle ins Thema einsteigen. Diese kann als Folie, als Handpuppe oder als Bild verwendet werden. Die Kinder sollen einen guten Bezug zu ihr herstellen und werden so für die schulische Aufgabe motiviert. Das Wichtigste hierbei ist, bei den Kindern Spannung und Lernlust zu erzeugen.

Ins Thema Volumen können Sie auf unterschiedliche Art und Weise einsteigen. Eine Möglichkeit ist, mit den Kindern alle bereits bekannten Maßeinheiten zu sammeln und anschließend das Volumen zu benennen. Gehen Sie dabei vom Vorwissen der Kinder aus.

Anschließend mixen Sie mit den Kindern einen oder mehrere Cocktails (siehe Blatt „Einstieg ins Thema", S. 7).

STARTEN Die Lehrkraft stellt den Kindern die Aufgabenblätter 1–19 des Lernprogramms Volumen zur Verfügung und erklärt ihnen, wie das Programm funktioniert.
Wichtige Hinweise sind:
- Das Lernprogramm soll möglichst alleine und im individuellen Tempo gelöst werden. „Möglichst-schnell-fertig-sein-Strategien" sollten vermieden werden.
- Hilfe sollte zuerst im Lernprogramm, dann bei einem anderen Kind und erst zuletzt bei der Lehrkraft gesucht werden.
- Die Übungs- und Profiblätter dienen zur Festigung des Stoffes und sind daher sehr wichtig.
- Lösungsblätter sind nicht zum Abschreiben da! Sie liegen auf einer Bank oder auf einem Tisch und sind in mehrfacher Ausführung vorhanden.
- Nach einer misslungenen Lernkontrolle kann die Lehrkraft dem Kind zusätzliche Aufgaben erteilen. Auch Kinder mit schnellem Arbeitstempo sollten entsprechend berücksichtigt werden.

ZUSATZINFORMATIONEN Die Lösungsblätter liegen in mehrfacher Ausführung auf Tischen oder Bänken bereit. Die Kinder können ihre Lösungen selbstständig korrigieren. Die Lehrkraft hat den Ort im Überblick und achtet auf Ehrlichkeit und darauf, bei welchen Aufgaben die Kinder mit Unsicherheiten kämpfen. Diese Aufgaben greift sie, wenn möglich, sofort auf oder bringt sie im täglichen Abschlussgespräch mit der ganzen Klasse zur Sprache.

MATERIAL Sie benötigen verschiedene Gefäße.
Für das Aufgabenblatt 4 im Lernprogramm benötigen Sie Behälter mit 1,5 l, 1 l, 5 dl, 1 dl, 2 cl und 10 ml.

DIFFERENZIERUNG Als weitere Differenzierung liegen für die Kinder frei zugänglich Übungs- und Profiblätter bereit.
Die Übungsblätter sind für Kinder gedacht, welche mit der vorhergehenden Aufgabe Schwierigkeiten hatten. Sie können nochmals einen Schritt zurückgehen und eine leichtere Aufgabe zum Thema lösen.
Die Profiblätter gelten als Förderaufgaben für stärkere Kinder und können für diese auch obligatorisch sein.

LERNKONTROLLEN Durch das ganze Lernprogramm hindurch löst das Kind individuell drei formative Lernkontrollen (1–3) und zwei summative Lernkontrollen (4–5). Die formativen dienen eher zur individuellen Kontrolle durch die einzelnen Schülerinnen und Schüler selbst immer wieder während des Lernprogramms, die summativen zur Kontrolle durch die Lehrkraft. Zur Lernzielerreichung müssen mindestens 60 % der Aufgaben richtig gelöst werden. Beherrscht das Kind gewisse Stoffgebiete nicht, löst es die Übungs- und Profiblätter oder erhält weitere Zusatzaufgaben. Die Lehrkraft überprüft das Können der Kinder mithilfe der Lernkontrollen oder indem sie alle bearbeiteten Aufgaben des Lernprogramms einsammelt.

ANFANGS- UND SCHLUSSRUNDE Täglich kann im Kreis eine Anfangs- oder Schlussrunde mit der ganzen Klasse durchgeführt werden. Jedes Kind hat hier die Gelegenheit, Probleme und Erfolge mitzuteilen. Auch kann man die Kinder immer wieder auf Regeln aufmerksam machen.

Im letzten Teil der Themenmappe finden Sie die Lösungen.

Viel Freude und Erfolg mit den Übungen wünscht Ihnen und Ihren Schüler/-innen

Claudia Büchler

Einstieg ins Thema

Zu Beginn des Themas sollen die Kinder mit verschiedenen Messinstrumenten und Gefäßen Wasser messen und die Inhalte vergleichen. Sie sollen ein Gefühl bekommen, wie viel denn zum Beispiel ein Deziliter Wasser ist.

Hausaufgabe:
- Möglichst viele verschiedene Gefäße für Messübungen mitbringen.
- Verpackungen mit Flüssigkeitsangaben mitbringen.

Experimentierstunde:
- Arbeit zu zweit, in Kleingruppen oder mit der gesamten Klasse.
- Erklären Sie die Handhabung von Messbechern.
- Verschiedene Gefäße mit Wasser füllen, Inhalt schätzen und anschließend mit einem Messbecher messen.
- Maßeinheiten für Volumen den Flüssigkeitsmengen zuordnen. (Wie viel Wasser ist ein Liter?)
- Wissen mit Flüssigkeitsangaben auf Verpackungen vergleichen.

Cocktail für 4 Kinder:
- Eiswürfel aus Zitronensaft (oder aus anderen Säften)
- 2 dl Ananassaft
- 3 dl Birnensaft
- 5 dl Orangensaft

Den Zitronensaft zu Eiswürfeln gefrieren.
Die anderen Säfte gut miteinander vermischen.
1–2 Fruchteiswürfel in ein Glas geben, die vermischten Säfte darüber gießen und mit einem Strohhalm servieren.

Wie viele Zutaten braucht ihr für die ganze Klasse?
Sammelt noch andere Cocktailrezepte und probiert sie aus.

Volumen 1

Hallo, ich bin Lili, die Bachforelle.
Schwimmst du auch so gerne wie ich?
Na dann passen wir ja gut zusammen.
In diesem Lernprogramm lernen wir gemeinsam viel
Interessantes über Flüssigkeiten und das
sogenannte Volumen. Das Programm ist speziell für
dich gemacht und du kannst in deinem eigenen
Tempo arbeiten. Schreibe als erstes deinen Namen in
das Namenschild und blättere dann weiter.
Viel Spaß!

Wie heißt du?

Volumen 2

Wie viel Flüssigkeit hat in einer Flasche Mineralwasser oder in einer Spritze Platz? Wie viel Wasser brauche ich, bis die Badewanne voll ist? Wir werden es gemeinsam herausfinden. Rechnen mit Volumen macht Spaß.

Falls du einmal nicht mehr weiterkommst oder du nicht verstehst, was ich dich frage, kannst du im Lernprogramm zurückblättern.
Du kannst auch auf dem Hilfsblatt nachschauen, ein anderes Kind fragen oder – erst am Schluss – deine Lehrerin oder deinen Lehrer um Hilfe bitten.

Es ist sehr wichtig, dass du lernst, ein Problem alleine zu lösen. Immer zu Beginn einer Aufgabe findest du Ziele.
Diese solltest du am Schluss beherrschen. Ob du die Ziele erreicht hast, kannst du mit den Lernkontrollen testen.

Aufgabe 1:

Notiere hier alle Maßeinheiten für Volumen, die du kennst.
Schreibe rechts die Abkürzung.

_____   _____

_____   _____

_____   _____

_____   _____

_____   _____

Vergleiche danach mit einem anderen Kind und überprüfe mit dem Lösungsblatt 2.

Volumen 3

Ziele:
- Du lernst, Volumen zu schätzen.
- Du lernst, den Inhalt von Gefäßen zu schätzen und anschließend mit einem Messbecher zu messen.
- Du lernst, den Unterschied von der geschätzten Zahl zur gemessenen Zahl auszurechnen.

Wähle aus den vorgegebenen Gefäßen sechs aus. Fülle jedes Gefäß mit Wasser, schätze den Inhalt und miss dann mit einem Messbecher nach.
1. Schätze den Inhalt und notiere das Ergebnis.
2. Miss mit einem Messbecher.
3. Rechne den Unterschied aus.

Gefäß	geschätzt	gemessen	Unterschied
Beispiel: Gurkenglas	7 dl	5 dl	2 dl
1.			
2.			
3.			
4.			
5.			
6.			

Zeige deine Lösungen deiner Lehrerin oder deinem Lehrer.

Volumen 4

Ziel:

- Du lernst die Wassermengen von verschiedenen wichtigen Maßeinheiten für Volumen kennen. Du weißt zum Beispiel, wie viel Wasser ein Liter ist.

Wir haben die folgenden Maßeinheiten für Volumen.

- 1 l
- 100 ml
- 10 ml
- 5 dl
- 1 l 5 dl
- 2 cl

1. Suche auf dem Tisch Gefäße, mit denen du die Wassermengen abmessen kannst. Beschreibe das Gefäß genau. Gib auch an, ob es ganz oder nur teilweise gefüllt ist.
2. Du sollst nachher wissen, wie viel Wasser zum Beispiel 100 ml sind.
3. Ordne die Mengen der Größe nach. Beginne mit der kleinsten Menge und trage sie unten in die Tabelle ein.

Wassermenge	Gefäß
1.	
2.	
3.	
4.	
5.	
6.	

Zeige deine Lösungen deiner Lehrerin oder deinem Lehrer.

Übe weiter mit dem Übungsblatt 1 oder mit dem Profiblatt 1.

Volumen 5

Na, wie kommst du mit dem Volumen zurecht? Es macht Spaß, mit Gefäßen und Wasser zu arbeiten, oder? Das kannst du jetzt gleich noch einmal tun! Und los geht's!

Hole dir eine Literflasche und sechs Gefäße, in denen weniger als ein Liter Wasser Platz hat.

1. Fülle die Literflasche mit Wasser.
2. Wie viele Trinkgläser kannst du damit füllen?
3. Bleibt noch Wasser übrig? Wie viel? Miss mit einem Messbecher.
4. Wie viel Wasser hat nun in einem Trinkglas Platz? Rechne aus.

Mache diesen Versuch mit sechs weiteren Gefäßen und beschreibe deine Erkenntnisse genau. Viel Spaß beim Forschen!

Gefäß	Wie viele kann ich füllen?	Wie viel Wasser bleibt übrig?	Wie viel Wasser fasst ein Gefäß?
Trinkglas	3 Gläser	1 dl Wasser	3 dl

Zeige deine Lösungen anschließend deiner Lehrerin oder deinem Lehrer.

Volumen 6

Ziel:
- Du lernst Gefäße mit ihren Flüssigkeitsangaben kennen und richtig zuordnen.
- Du kannst Volumen zusammenzählen.

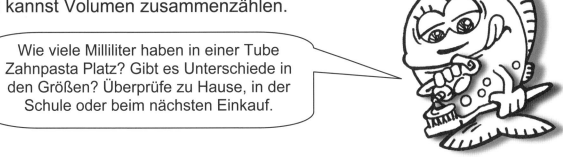

Wie viele Milliliter haben in einer Tube Zahnpasta Platz? Gibt es Unterschiede in den Größen? Überprüfe zu Hause, in der Schule oder beim nächsten Einkauf.

Bemale das jeweilige Gefäß und die dazu richtige Flüssigkeitsmenge mit der gleichen Farbe. Beginne mit der größten Menge. Bilde am Schluss das Lösungswort.

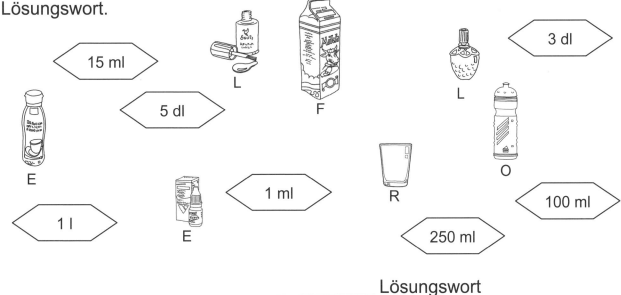

_____ Lösungswort

Zähle das Volumen der Gefäße zusammen.

Shampoo 400 ml + Parfum 100 ml + Nagellack 15 ml = _____

Becher 3 dl + Flasche 1l 5 dl + Sahne 2 dl 5 cl = _____

Esslöffel 1 cl + Ketchupflasche 600 ml + Creme 150 ml = _____

Kontrolliere mit dem Lösungsblatt 6.

Volumen 7

Wir müssen die Stäbe der Reihe nach so wegnehmen, dass keiner wackelt. Male jeden Stab von oben nach unten mit einer anderen Farbe an und trage die Buchstaben fortlaufend in die Tabelle ein. So finden wir das gesuchte Tier.

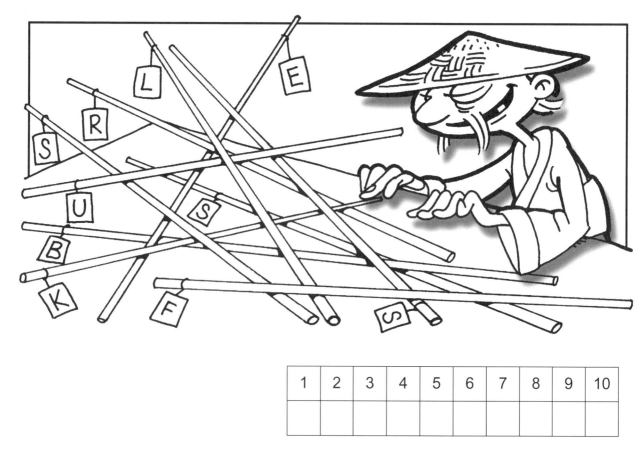

1	2	3	4	5	6	7	8	9	10

Kontrolliere mit dem Lösungsblatt 7.

Hole dir danach die Lernkontrolle 1.

Volumen 8

Ziele:
- Du lernst, verschiedene Volumen der Größe nach zu ordnen.
- Du lernst, Größen miteinander zu vergleichen (< = >).

Hilfst du mir? Mir sind alle Maße durcheinander geraten. Nun müssen wir sie wieder ordnen!

Suche alle Volumensangaben heraus und ordne sie der Größe nach.
Beginne mit dem kleinsten Maß.
Tipp: Streiche erst die „falschen" Maße durch.

10 g	1 cl	75 ml	1 kg
10 l	75 cm	1 dl	1 l 5 dl
20 dl	11 ml	7 m 5 mm	1000 ml

Setze das passende Zeichen (< = >).

10 dl ☐ 1 l	2000 ml ☐ 20 cl
3003 ml ☐ 3 l	10 ml ☐ 1 cl 1 ml
11 ml ☐ 1 cl	5 l 4 dl ☐ 50 dl
9 dl ☐ 90 l	200 ml ☐ 2 dl

Vergleiche mit dem Lösungsblatt 8.

Volumen 9

Ziel:
- Du lernst, auf 1 l zu ergänzen.

Weißt du, wie viele Milliliter in einem Liter Platz haben?
1l = _____ ml

1 l = 10 dl   Wie viel fehlt zu 1 Liter?

4 dl	3 dl	8 dl	1 dl	5 dl	9½ dl	2½ dl	5½ dl
6 dl							

1 l = 100 cl   Wie viel fehlt zu 1 Liter?

10 cl	40 cl	70 cl	20 cl	55 cl	25 cl	75 cl	95 cl
90 cl							

1 l = 1000 ml   Wie viel fehlt zu 1 Liter?

300 ml	450 ml	120 ml	580 ml	978 ml	245 ml	888 ml
700 ml						

Immer zwei gleiche Rauminhalte gehören in das selbe Gefäß.

Überprüfe deine Lösungen mit dem Lösungsblatt 9.
Übe weiter mit dem Übungsblatt 2 oder dem Profiblatt 2.

Volumen 10

Ziele:

- Du lernst, mit der unten stehenden Tabelle umzugehen.
- Du lernst, Rauminhalte umzuwandeln.

x 10

				1000 ml	100 ml	10 ml	**1 ml**
				100 cl	10 cl	**1 cl**	
				10 dl	**1 dl**		
	100 l	10 l	**1 l**				
	1 hl						

Hallo, Lili ist wieder hier!
Weißt du schon, wie man Maßeinheiten umwandelt? Diese Tabelle hilft dir, wenn du einmal bei einer Umrechnung nicht mehr weiterkommst. Wenn du wissen willst, wie viele dl ein l hat, schaust du in der Spalte der Liter nach.
1 l = 10 dl Findest du die Spalte?
Rechne die vorgegebenen Rauminhalte um und schreibe dazu selbst 4–6 Umrechnungen mithilfe der Tabelle auf.

1 l = _____ ml   1 dl = _____ cl   1 cl = _____ ml

⟵ Tipp: Du rechnest immer x 10 von Spalte zu Spalte! ⟶

_____

_____

Zeige deine Lösungen deiner Lehrerin oder deinem Lehrer. Benutze auch das Hilfsblatt.

Volumen 11

Löse die Aufgaben und korrigiere sie. Wandle mithilfe der Tabelle um.

Schreibe in ml:

1 cl = _____

5 cl = _____

15 cl = _____

43 cl = _____

Schreibe in cl:

1 dl = _____

7 dl = _____

19 dl = _____

54 dl = _____

Schreibe in dl:

1 l = _____

9 l = _____

12 l = _____

68 l = _____

Schreibe in cl:

1 l = _____

3 l = _____

25 l = _____

90 l = _____

Schreibe in dl:

1 l = _____

6 l = _____

13 l = _____

57 l = _____

Schreibe in ml:

1 l = _____

8 l = _____

16 l = _____

32 l = _____

Schreibe in l und dl:

14 dl = _____

77 dl = _____

51 dl = _____

87 dl = _____

112 dl = _____

Schreibe in l und cl:

110 cl = _____

420 cl = _____

917 cl = _____

563 cl = _____

291 cl = _____

Schreibe in l:

1 hl = _____

3 hl = _____

10 hl = _____

24 hl = _____

2 hl 40 l = _____

Hattest du Schwierigkeiten mit diesen Aufgaben oder waren sie zu einfach?
1. Wenn du noch mehr Zeit brauchst, hole dir das Übungsblatt 3.
2. Willst du gerne schwierigere Aufgaben lösen, hole das Profiblatt 3.
3. Hole dir anschließend die Lernkontrolle 2.

Volumen 12

Ziele:
- Du lernst, Rechnungen mit Volumen zu lösen.

Zahnpasta
75 ml

Shampoo
400 ml

Wasserglas
3 dl

Spritze
10 ml

Sahne
125 ml

Milch
1 l

Wie viel Flüssigkeit enthalten …?

2 x Milch + 1 Shampoo =	5 Zahnpasten =
3 Gläser Wasser + 1 Spritze =	2 x Sahne + 3 x Milch =
2 Zahnpasten + 2 x Sahne =	2 Gläser Wasser + 2 Shampoos =
4 Spritzen + 3 Shampoos =	3 Zahnpasten + 1 Spritze
2 x Milch + 4 Gläser Wasser =	4 x Sahne + 1 Glas Wasser =

Rechne die verschiedenen Rauminhalte zusammen.

180 ml + 460 ml = _____ ml   2 l 5 dl + 4 l 4 dl = _____

250 ml + 615 ml = _____ ml   5 l 3 dl + 6 l 7 dl = _____

790 ml + 520 ml = ___ l ___ ml   6 l 80 cl + 3 l 40 cl = _____

  7 dl +   7 dl = ___ l ___ dl   3 l 770 ml + 4 l 190 ml = _____

  9 dl +   8 dl = ___ l ___ dl   8 l 250 ml + 1 l 920 ml = _____

Deine Familie sitzt im Restaurant. Du trinkst 3 dl Saft. Dein kleiner Bruder trinkt 2 dl Limo und deine Schwester einen halben Liter  stilles Wasser. Deine Eltern teilen sich eine Flasche Mineralwasser von 1½ l.

Wie viel trinkt die ganze Familie? _____

Korrigiere mit dem Lösungsblatt 12.

Volumen 13

Trinken ist wichtig und gesund! Wer trinkt wie viel?

Rudi:
Ich trinke 3 Gläser zu je 3 dl.

Chris:
Ich trinke 1 dl mehr als das Kind, welches am wenigsten trinkt.

Andrea:
Ich trinke 10 l − 7½ l.

Lena:
Ich trinke 2 dl mehr als Rudi.

Stefan:
Ich trinke 8 × 2½ dl.

Dani:
Ich trinke 4 × 2½ dl.

Anita:
Ich trinke 10 l − 9 l und ein Glas zu 3 dl.

Sarah:
Ich trinke so viel wie Rudi und Lena zusammen.

Claudia:
Ich trinke 11 l − 8½ l.

Melanie:
Ich trinke einen halben Liter weniger als Stefan.

Tanja:
Ich trinke nur halb so viel wie Dani.

Thomas:
Ich trinke das Doppelte von Anita.

Kontrolliere mit dem Lösungsblatt 13.

Hole dir bei deiner Lehrerin oder deinem Lehrer die Lernkontrolle 4.

Volumen 14

Ziel:
- Du lernst, einen Text aufmerksam zu lesen und anschließend die gestellte Rechenaufgabe zu lösen.

1. „Heute füllen wir das Becken nur bis zur Hälfte", meint die Mutter.

   Sie füllen es mit _____ Wasser.

2. Der Vater geht _____ Mal, bis das Becken halbvoll ist.

3. Um das Becken ganz zu füllen, bräuchte man _____ Eimer.

4. „Ich möchte gerne noch mehr Wasser", jammert Samuel.

   Er füllt seinen Eimer 6 Mal und leert somit _____ dazu.

5. Nach einer Woche wird das Wasser gewechselt. Der Vater und Samuel gehen beide 15 Mal. Mit wie vielen Litern ist das Schwimmbecken zum Schluss gefüllt? _____

6. Die Mutter tränkt an diesem Tag ihre Blumen und füllt die Flasche 8 Mal. Wie viel Wasser befindet sich nun noch im Schwimmbecken? _____

7. Es kommt Besuch und das Schwimmbecken wird ganz neu gefüllt. Der Vater geht 20 Mal. Wie viel Wasser fehlt jetzt noch? _____ Wie oft müssten Vater und Sohn nun noch gehen?

   _____

Kontrolliere mit dem Lösungsblatt 14.

Übe weiter mit dem Übungsblatt 4 oder Profiblatt 4.

Volumen 15

Ziele:
- Du lernst, Aufgaben genau zu lesen.
- Du lernst, verschiedene Rauminhalte zusammenzuzählen.

Wasserverbrauch im Haushalt

Duschen: in 5 min verbraucht man ca. 35 l Wasser
Baden: Badewanne normal gefüllt = 180 l
WC-Spülung ohne Unterbrechung = 9 l
WC-Spülung mit Unterbrechung = 5 l
Geschirrspülmaschine normal = 14 l
Geschirrspülmaschine intensiv = 23 l
Zähne putzen mit laufendem Wasser = 3 l
Zähne putzen ohne laufendes Wasser = 1 l

In Josefs Familie wird mit dem kostbaren Wasser nicht gespart. Berechne den Wasserverbrauch der Familie in hl und l (2 Kinder, 2 Erwachsene).

Alle Familienmitglieder duschen am Morgen 10 min. Am Feierabend nach der Arbeit nimmt der Vater jeweils ein Bad. Jedes Kind betätigt 3 Mal pro Tag die WC-Spülung ohne Unterbrechung, Vater und Mutter benutzen sie jeweils nur 2 Mal, aber auch ohne zu stoppen. Die Zähne werden von allen 2 Mal geputzt, währenddessen das Wasser läuft. Am Abend spülen sie ihr Geschirr mit dem intensiven Spülprogramm.

Berechnung:

_____

_____

Aufgabe für schlaue Köpfe.
Josef setzt sein Kaninchen auf die Waage. Es wiegt 5 kg. Wie viel wiegt es, wenn es zwei seiner vier Pfoten in die Luft hält?

_____

Korrigiere mit dem Lösungsblatt 15.

Volumen 16

Ziel:

- Du lernst, verschiedene Rauminhalte zusammenzuzählen.
- Du lernst, Möglichkeiten zu finden, wie man Wasser sparen könnte, und eine eigene Aufgabe zu erfinden.

Wasserverbrauch im Haushalt

Duschen: in 5 min verbraucht man ca. 35 l Wasser
Baden: Badewanne normal gefüllt = 180 l
WC-Spülung ohne Unterbrechung = 9 l
WC-Spülung mit Unterbrechung = 5 l
Geschirrspülmaschine normal = 14 l
Geschirrspülmaschine intensiv = 23 l
Zähne putzen mit laufendem Wasser = 3 l
Zähne putzen ohne laufendes Wasser = 1 l

Findest du auch, dass Josef Familie zu viel Wasser verbraucht?
Zeige ihnen, wie und wobei sie sparen könnten.
Schreibe auch einen Tagesablauf. Versuche dabei, möglichst wenig Wasser zu verbrauchen. Du brauchst dazu kreative Ideen! Viel Spaß!

_____

_____

_____

_____

_____

Zeige deine Lösung deiner Lehrerin oder deinem Lehrer.

Volumen 17

Ziele:

- Du lernst, Rauminhalte umzuwandeln und 3 gleich große Volumen zu finden.
- Du kannst Formen genau abzeichnen.

Steine am Bach

Jeder Steinturm besteht aus 4 Steinen, die alle das gleiche Volumen haben (siehe 10 dl). Der unterste Stein ist immer gegeben. Suche die anderen Steine des Turms und zeichne die Form genau ab. Schreibe dann den Rauminhalt hinein. 2 Steine gehören nicht dazu. Male diese aus. Wandle um, wenn es dir hilft.

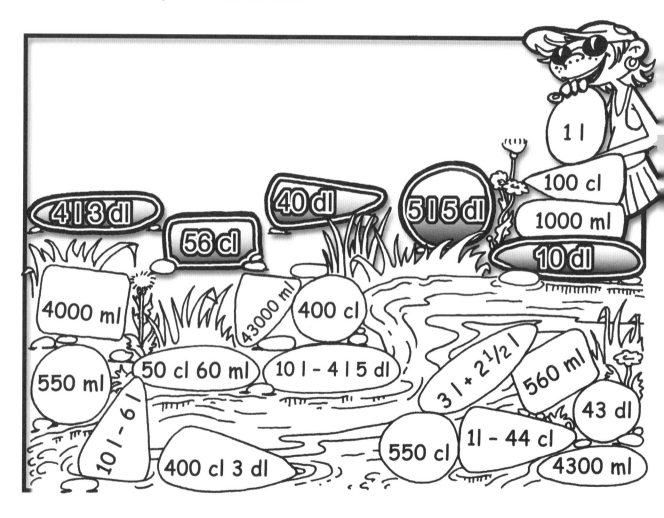

Korrigiere mit dem Lösungsblatt 17.

Volumen 18

Teste dich selbst!

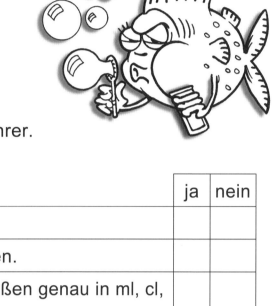

Bereiten dir gewisse Aufgaben noch Mühe?
Wenn ja, schaue nochmals vorne im Lernprogramm nach, löse die Aufgaben vielleicht ein zweites Mal und hole dir weitere Übungs- und Profiblätter.
Löse anschließend die Lernkontrolle 3.
Hole sie bei deiner Lehrerin oder deinem Lehrer.

Beantworte die folgenden Fragen:	ja	nein
Ich kenne alle Maßeinheiten für Volumen.		
Ich kann das Volumen von Gefäßen schätzen.		
Ich kann den Inhalt von verschiedenen Gefäßen genau in ml, cl, dl und l abmessen.		
Ich kann den Unterschied ausrechnen von der geschätzten Zahl zur gemessenen Zahl.		
Ich kenne die Wassermengen von verschiedenen wichtigen Maßeinheiten für Volumen. Ich weiß, wie viel Wasser 1 Liter ist.		
Ich kann verschiedene Volumen der Größe nach ordnen und die Größen miteinander vergleichen.		
Ich kann dl, cl und ml auf 1 Liter ergänzen.		
Ich kann Maßeinheiten für Volumen umwandeln.		
Ich kann einen Text aufmerksam lesen und anschließend die gestellte Rechenaufgabe lösen.		
Ich kann Volumen addieren.		

Wenn du einige Sätze mit Nein beantwortet hast, übe weiter im Lernprogramm. Danach holst du dir die Lernkontrolle 3 bei deiner Lehrerin oder deinem Lehrer.

Volumen 19

Sudoku

Du hast gut gearbeitet und dir darum ein Spiel verdient.

Kennst du SUDOKU? Genau das spielen wir jetzt zusammen!

Wenn du die Volumen waagerecht, senkrecht und in einem fett gedruckten Quadrat zusammenzählst, erhältst du immer 1 Liter.
Unten sind alle möglichen Maßeinheiten angegeben.

Viel Spaß!

200 ml		60 ml	15 cl	5 cl			100 ml	1 dl
	15 cl	100 ml				2 dl		40 ml
1 dl	5 cl		40 ml	100 ml	10 cl	15 cl	60 ml	
15 cl		10 cl	2 dl	40 ml		5 cl		60 ml
40 ml	2 dl				1 dl		200 ml	
60 ml			5 cl	15 cl	200 ml	40 ml		2 dl
2 dl		40 ml		1 dl		200 ml		100 ml
	1 dl	15 cl	200 ml	10 cl	40 ml	60 ml		
5 cl		200 ml		2 dl		1 dl	40 ml	10 cl

| 40 ml | 5 cl | 60 ml | 10 cl | 15 cl | 100 ml | 1 dl | 200 ml | 2 dl |

Hole dir nach dem Spiel die Lernkontrolle 5.

Übungsblatt 1

Verbinde die verschiedenen Rauminhalte mit den entsprechenden Bildern. Verwende Farbstifte.

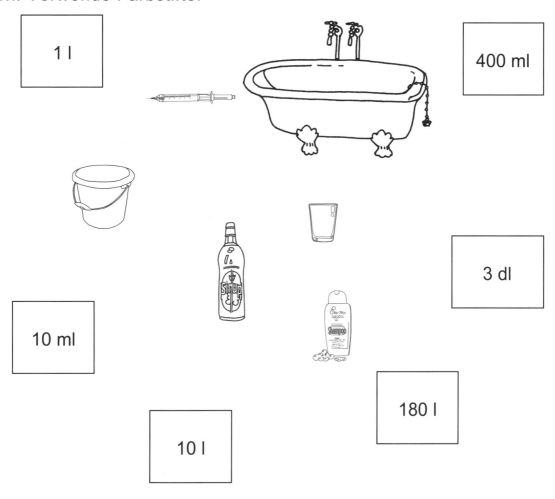

Welcher Gegenstand enthält mehr Flüssigkeit?
Verwende diese Zeichen < >.

Shampoo	__	Trinkglas
Badewanne	__	Mineralwasser
Milch	__	Eimer
Spritze	__	Shampoo
Trinkglas	__	Spritze
Mineralwasser	__	Milch

Kontrolliere mit dem Lösungsblatt 1.

Profiblatt 1

Verbinde die verschiedenen Rauminhalte mit den entsprechenden Bildern. Verwende Farbstifte.

1 l 5 dl

400 ml

75 ml

3 dl

10 ml

1 l

10 l

180 l

1. Wähle aus den verschiedenen Gefäßen auf dem Tisch fünf aus.
2. Schätze das Volumen und miss es anschließend.
3. Rechne dann den Unterschied aus.

Gegenstand	geschätzt	gewogen	Unterschied

Kontrolliere deine Lösungen mit deiner Lehrerin/deinem Lehrer.

Übungsblatt 2

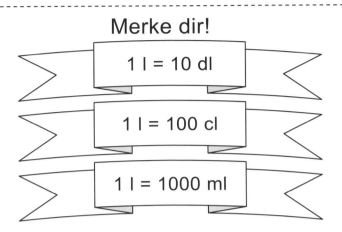

Merke dir!
- 1 l = 10 dl
- 1 l = 100 cl
- 1 l = 1000 ml

Wie viel fehlt zu 1 Liter?

7 dl	2 dl	5 dl	4 dl	5½ dl	2½ dl	3½ dl	9½ dl

80 cl	40 cl	15 cl	55 cl	27 cl	39 cl	99 cl	23 cl

75 cl	44 cl	92 cl	87 cl	53 cl	26 cl	37 cl	89 cl

480 ml	560 ml	450 ml	850 ml	910 ml	640 ml	170 ml	390 ml

685 ml	245 ml	199 ml	523 ml	937 ml	865 ml	914 ml	784 ml

Achtung, die Aufgaben sind nun bunt gemischt!

910 ml	8½ dl	34 cl	78 cl	689 ml	3½ dl	124 ml	52 cl

Korrigiere mit dem Lösungsblatt.

Profiblatt 2

Berechne die Ergebnisse und schreibe sie auf die Linien.
Verbinde dann die Punkte der Reihe nach zu einem Bild.

1. 3 dl + _____ dl = 1 l
2. 8 dl + _____ dl = 1 l
3. 25 cl + _____ cl = 1 l
4. 44 cl + _____ cl = 1 l
5. 87 cl + _____ cl = 1 l
6. 100 cl + _____ cl = 1 l
7. 140 ml + _____ ml = 1 l
8. 560 ml + _____ ml = 1 l
9. 888 ml + _____ ml = 1 l
10. 4 dl + _____ dl = 1 l
11. 99 cl + _____ cl = 1 l
12. 736 ml + _____ ml = 1 l
13. 356 ml + _____ ml = 1 l
14. 55 cl + _____ cl = 1 l
15. 68 cl + _____ cl = 1 l
16. 1 dl + _____ dl = 1 l
17. 101 ml + _____ ml = 1 l
18. 416 ml + _____ ml = 1 l
19. 37 cl + _____ cl = 1 l
20. 697 ml + _____ ml = 1 l
21. 609 ml + _____ ml = 1 l
22. 5 dl + _____ dl = 1 l
23. 57 cl + _____ cl = 1 l
24. 19 cl + _____ cl = 1 l
25. 35 cl + _____ cl = 1 l
26. 468 ml + _____ ml = 1 l
27. 984 ml + _____ ml = 1 l
28. 5 ml + _____ ml = 1 l
29. 15 cl + _____ cl = 1 l
30. 123 ml + _____ ml = 1 l

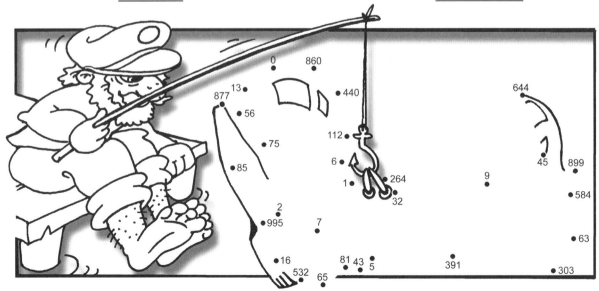

Übungsblatt 3

Hier siehst du eine ähnliche Tabelle wie im Lernprogramm.
Nimm sie als Hilfe, um die Umrechnungsaufgaben zu lösen.

Trage 1 l 4 cl in die Tabelle ein. 1 l 4 cl = 104 cl

		hl		l	dl	cl	ml
				1	0	4	

Trage 1 l 9 dl in die Tabelle ein. 1 l 9 dl = _____ dl

		hl		l	dl	cl	ml

Trage 1 cl 8 ml in die Tabelle ein. 1 cl 8 ml = _____ ml

		hl		l	dl	cl	ml

Trage 1 l 670 ml in die Tabelle ein. 1 l 670 ml = _____ ml

		hl		l	dl	cl	ml

Nun kannst du beweisen, was du alles gelernt hast.
Pass auf, die Aufgaben sind bunt gemischt!

1 l = _____ dl   125 cl = ___ l _____ cl   2 hl = _____ l

1 l = _____ cl   57 dl   = ___ l _____ dl   4 hl = _____ l

1 l = _____ ml   5380 ml = ___ l _____ ml   3 dl = _____ cl

1 hl = _____ l   563 cl = ___ l _____ cl   9 cl = _____ ml

Das Hilfsblatt kann dir bei den Aufgaben weiterhelfen!
Korrigiere mit dem Lösungsblatt.

Profiblatt 3

Schreibe in ml: Schreibe in dl: Schreibe in cl:

4 cl = _____   7 l = _____   9 dl = _____

26 cl = _____ 89 l = _____ 38 dl = _____

1 dl = _____   102 l = _____ 13 l = _____

Schreibe in ml: Schreibe in l: Schreibe in l und cl:

5 l = _____   3 hl = _____ 334 cl = _____

33 l = _____   45 hl = _____ 956 cl = _____

67 l = _____   200 hl = _____ 1008 cl = _____

Achtung: Die Aufgaben sind nun bunt gemischt!

14 dl = ____ l _____ dl

7 cl = _____ ml

194 cl = ____ l _____ cl

4677 ml = ____ l _____ ml

555 l = ____ hl _____ l

132 dl = ____ l _____ dl

69 cl = ____ dl _____ cl

Reicht die Menge für zwei Literflaschen oder wie viel fehlt Simon?

Simon kauft 3 Shampoos zu je 400 ml, 1 Zahnpasta zu 75 ml und zwei Packungen Sahne zu je 125 ml. Könnte er mit allem zusammen schon zwei Literflaschen füllen oder fehlt ihm noch etwas? Wenn ja, wie viel?

_____

Kontrolliere mit dem Lösungsblatt.
Arbeite anschließend im Lernprogramm weiter.

Übungsblatt 4

Ein Tag zu Besuch bei Karin

Vor dem Frühstück trinkt Karin 2 dl Wasser. Sie benutzt das WC mit 12 Liter Wasserverbrauch. Anschließend trinkt sie 3 dl Kakao, 2 dl Orangensaft und isst einen Joghurt mit 250 ml.

Flüssigkeitsverbrauch: _____

Nun duscht sie und verbraucht 45 l Wasser. Um ihre Zähne zu putzen, braucht sie 5 l. Die Mutter gibt ihr noch eine 5-dl-Wasserflasche mit.

Flüssigkeitsverbrauch: _____

In der Schule malen die Kinder Bilder mit Wasserfarben und verbrauchen 40 Liter, um die Pinsel zu waschen. Die Lehrerin tränkt anschließend mit einer 1½-l-Gießkanne ihre Blumen.

Flüssigkeitsverbrauch: _____

Zu Hause bereitet die Mutter schon das Mittagessen zu. Sie kocht Nudeln mit 3 l Wasser, füllt einen Literkrug mit Limo und wäscht den Salat, wobei sie 8 l Wasser verbraucht.

Flüssigkeitsverbrauch: _____

Am Abend verbraucht Karin nur noch Wasser, um die WC-Spülung zu betätigen und sich die Zähne zu putzen.

Flüssigkeitsverbrauch: _____

Wie viel Flüssigkeit wurde den ganzen Tag verbraucht? _____

Profiblatt 4

1. Du presst frischen Orangensaft und leerst die folgenden Mengen in einen Krug: 5 dl + 8 dl + 9 dl + 6 dl. Nun verteilst du den Inhalt gerecht auf 7 gleich große Gläser. Wie viel erhält jeder?

2. In einer Milchkanne haben 40 l Milch Platz. Am Morgen werden die Kühe gemolken. Die Eimer werden alle in die Kanne geleert. 5 l + 7 l + 4 l + 9 l + 13 l. Wie viele Liter hätten jetzt noch in der Kanne Platz?

3. Für kluge Köpfe! Wandle sinnvoll um. 1 dl + 300 ml + 2½ l + 25 cl + 8 dl + 450 ml = ?

4. Alle 19 Kinder der vierten Klasse duschen pro Woche dreimal und baden einmal am Wochenende.   duschen = 50 l   baden = 150 l
Wie viele Hektoliter werden so verbraucht?

5. In einer Getränkekiste haben 6 x 4 Fläschchen Fruchtsaft zu je 2 dl Platz. Wie viele Liter und Deziliter sind das? Wie viele 3-dl-Gläser kannst du damit füllen?

6. 1 l Wasser ist 1 kg schwer. Du füllst Wasser in 2 Eimer, die beide 700 g schwer sind. In den ersten füllst du 4½ l und in den zweiten 5 l 6 dl. Wie schwer sind nun diese Eimer zusammen?

7. Ein menschliches Herz pumpt pro Tag 6048 Liter Blut. Wie viele Liter pumpt das Herz in einer Stunde und wie viel pro Woche?

Lernkontrolle 1

Gesamtpunktzahl: 26 P
Lernzielerreichung: 16 P
Erreichte Punktzahl: _____   Name: _____

1. Nenne zwei verschiedene Maßeinheiten für das Volumen von Flüssigkeiten.   1 P

_____

2. Wähle aus den acht Gefäßen vier aus.   8 P
    1. Schätze das Volumen.
    2. Fülle das Gefäß mit Wasser und miss den Inhalt mit einem Messbecher.
    3. Rechne den Unterschied aus.
    4. Lege das Gefäß wieder zurück.

Gegenstand	geschätzt	gemessen	Unterschied
1.			
2.			
3.			
4.			

3. Stimmt das? Antworte mit ja oder nein.   6 P

	ja	nein
Eine Badewanne fasst 10 l Wasser.		
Es gibt Spritzen, in welchen 100 cl Flüssigkeit Platz hat.		
3 dl oder 5 dl Wasser passen in ein Glas.		
10 ml ist mehr als 1 cl.		
In einer Tintenpatrone hat 1 ml Tinte Platz.		
10 Gläser zu 1 dl füllen eine Literflasche.		

4. Fülle eine Literflasche mit Wasser. 4 P
   Wie viele Trinkgläser kannst du damit füllen?
   Bleibt noch Wasser übrig? Wie viel? Miss mit einem Messbecher.
   Wie viel Wasser hat nun in einem Trinkglas Platz? Rechne aus.
   Nimm 4 verschiedene Gefäße, die weniger als 1 Liter fassen.

Gefäß	Wie viel kann ich füllen?	Wie viel Wasser bleibt übrig?	Wie viel Wasser fasst ein Gefäß?
Trinkglas	3 Gläser	1 dl Wasser	3 dl

5. Ordne den Gefäßen ihr richtiges Maß zu. Verbinde! 5 P

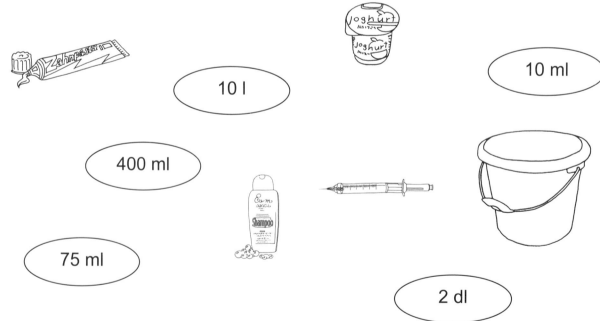

6. Zähle die Mengen der Flüssigkeiten zusammen. 2 P

   2 l + 7 dl + 8 dl + 4 l + 5 dl = _____

   20 ml + 35 ml + 24 ml + 6 cl = _____

Lernkontrolle 2

Gesamtpunktzahl: 44 P
Lernzielerreichung: 27 P
Erreichte Punktzahl: ___   Name: _____

1. Ordne die Volumensangaben der Größe nach.
   Beginne mit der größten.   **5 P**

52 l	90 cl	55 dl
4999 ml	5 ml	7 dl
15 cl	5 l	420 cl

2. Setze das passende Zeichen (< = >).   **3 P**

   15 ml ☐ 1 cl   3 l ☐ 29 dl

   200 l ☐ 2 hl   113 cl ☐ 1000 ml

   3999 ml ☐ 4 l   77 l ☐ 7 l 7 dl

3. Ergänze.   **7 P**
   Wie viel fehlt zu 1 Liter? Achtung, die Aufgaben sind vermischt.

4 dl	9 dl	2½ dl	6½ dl	50 cl	77 cl	750 ml	830 ml
6 dl							

Wie viel fehlt zu 1 Liter?

124 ml	55 cl	274 ml	7½ dl	18 cl	399 ml	3 dl

4. Wandle um. **12 P**

Schreibe in ml:

4 cl = _____

20 cl = _____

35 cl = _____

69 cl = _____

Schreibe in cl:

3 dl = _____

30 dl = _____

49 dl = _____

77 dl = _____

Schreibe in dl:

7 l = _____

10 l = _____

24 l = _____

52 l = _____

5. Wandle um. **12 P**

Schreibe in l und dl:

22 dl = _____

89 dl = _____

13 dl = _____

98 dl = _____

Schreibe in l und ml:

2300 ml = _____

6750 ml = _____

1902 ml = _____

9846 ml = _____

Schreibe in l:

1 hl = _____

3 hl = _____

10 hl = _____

24 hl = _____

6. Bemale jeweils die Körper von den zwei Fischen, die   **5 P**
   das gleiche Volumen haben, mit der gleichen Farbe.
   Alle Fische < 1 Liter erhalten einen roten Kopf.
   Alle Fische > 1 Liter erhalten einen blauen Kopf.

- 990 ml
- 9 hl
- 9 dl
- 9 cl 9 ml
- 1 l – 110 ml
- 900 l
- 99 ml
- 9 l 9 dl
- 90 cl
- 99 dl

Lernkontrolle 3

Gesamtpunktzahl: 27 P
Lernzielerreichung: 16 P
Erreichte Punktzahl: _____   Name: _____

1. Rechne aus. 6 P

   1 l 5 dl + 3 l 4 dl = _____

   4 l 6 dl + 2 l 6 dl = _____

   7 l 20 cl + 1 l 50 cl = _____

   2 l 45 cl + 2 l 65 cl = _____

   8 l 100 ml + 1 l 550 ml = _____

   5 l 300 ml + 6 l 800 ml = _____

Also! Das ergibt ...

7 P

2. Schreibe in l und dl: Schreibe in l und cl: Schreibe in l und ml:

   72 dl = _____   120 cl = _____   3500 ml = _____

   84 dl = _____   460 cl = _____   8200 ml = _____

   25 dl = _____   619 cl = _____   4050 ml = _____

   33 dl = _____   804 cl = _____   6777 ml = _____

   102 dl = _____   253 cl = _____   10'300 ml = _____

3. Rechne aus. 4 P

   Roland trinkt an einem Tag 2 l 5 dl Wasser. Sabine trinkt 6 dl weniger als er.

   Wie viel trinkt Sabine? _____

   Wie viel trinken beide zusammen? _____

   Alma, die schönste Kuh im Stall, gibt pro Tag 19 l Milch. Nancy gibt 8 l mehr Milch als Alma.

   Wie viele Liter Milch geben beide Kühe zusammen pro Tag? _____

   Wie viele hl und l Milch geben Nancy und Alma in einer Woche? ___

4. Wasserverbrauch im Haushalt : 4 P
   5 min duschen = 35 l
   WC-Spülung ohne Unterbrechung = 9 l
   WC-Spülung mit Unterbrechung = 5 l
   Zähne putzen mit laufendem Wasser = 3 l
   Zähne putzen ohne laufendes Wasser = 1 l

   Marc wohnt mit seiner Schwester Lisa und seinen Eltern zusammen. Marc und Lisa putzen 3x pro Tag die Zähne ohne laufendes Wasser. Ihr Vater und ihre Mutter tun dies ebenso. Die Eltern duschen beide am Morgen für je 5 min. Alle vier betätigen je 2x die WC-Spülung und stoppen diese auch.

   Berechne den Wasserverbrauch der Familie in hl und l.

   _____

   _____

5. Für schlaue Füchse 1 P

   In einem Fass lagern 1 hl 30 l Apfelsaft. Herr Sutter füllt 7 Getränkekisten mit je 6 Literflaschen ab.

   Wie viele Liter bleiben im Fass noch übrig? _____

6. Überlege und rechne aus. 5 P

Roger und Ralf malen gerne in ihrer Freizeit. Ihre Farbtuben sind alle verschieden voll.

rot = 300 ml, blau = 550 ml, gelb = 280 ml, grün = 770 ml, lila = 920 ml

1. Wie viele l und ml Farbe besitzen die Jungen insgesamt?

   _____

2. Von jeder Farbe verbrauchen sie in einer Woche 10 ml. Wie viel Farbe haben sie nach zweiwöchiger Arbeit noch?

   _____

3. Pro Bild verbraucht Roger 5 ml Farbe. Wie viele grüne Bilder könnte er malen? _____

4. Ralf malt ein Bild mit roter, blauer und gelber Farbe. Er verbraucht dazu von allen drei Farben die halbe Tube.
   Wie viel ml Farbe braucht er? _____
   Wie viel würden diese Farben kosten, wenn 5 ml 1 € kosten? _____

Lernkontrolle 4

Gesamtpunktzahl: 48 P
Lernzielerreichung: 29 P
Erreichte Punktzahl: ___   Name: _____

1. Schätze und miss.   6 P

   Wähle aus den vorgegebenen Gefäßen 6 aus. Fülle jedes Gefäß mit Wasser, schätze den Inhalt und miss dann mit einem Messbecher nach.

   1. Schätze den Inhalt und notiere das Ergebnis.
   2. Miss mit einem Messbecher.
   3. Rechne den Unterschied aus.

Gefäß	geschätzt	gemessen	Unterschied
Beispiel: Gurkenglas	7 dl	5 dl	2 dl
1.			
2.			
3.			
4.			
5.			
6.			

                                                                  5 P
2. Alle Fische mit der gleichen Flüssigkeit kommen zum Fischer ins Netz. Bemale diese mit einer Farbe. 3 Fische bleiben draußen.

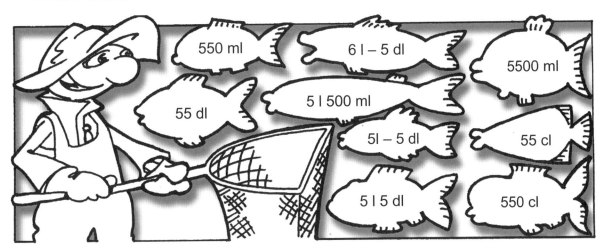

3. Berechne die Anzahl der Gefäße. 5 P

   Ein Becken fasst 4 l Wasser. Anzahl Gefäße

   Wie viele Gefäße zu 10 dl können damit gefüllt werden? _____

   Wie viele Gefäße zu 8 dl können damit gefüllt werden? _____

   Wie viele Gefäße zu 5 dl können damit gefüllt werden? _____

   Wie viele Gefäße zu 4 dl können damit gefüllt werden? _____

   Wie viele Gefäße zu 2 dl können damit gefüllt werden? _____

4. Ergänze.

   Wie viel fehlt zu 1 Liter? 7 P

10 cl	30 cl	80 cl	15 cl	45 cl	25 cl	65 cl	92 cl
90 cl							

   Wie viel fehlt zu 1 Liter?

300 ml	350 ml	220 ml	670 ml	975 ml	139 ml	777 ml
700 ml						

5. Lies und rechne. 2 P

   Du hast eine Getränkekiste mit 6 Mineralwasserflaschen zu je 1½ l. Nun trinkst du zwei Flaschen leer.
   Wie viele Liter bleiben noch übrig?

   Du kaufst ein neues Shampoo mit 400 ml Inhalt. Jeden Tag verbrauchst du 10 ml, um dir deine Haare zu waschen.
   Wie lange hält dein Shampoo?

   _____   _____

6. Rechne aus.   8 P

230 ml + 190 ml = _____   2 l 5 dl + 6 l 3 dl = _____

760 ml + 205 ml = _____   4 l 9 dl + 8 l 2 dl = _____

585 ml + 415 ml = _____   7 l 260 ml + 1 l 900 ml = _____

 8 dl +   7 dl = _____   5 l 40 cl + 3 l 85 cl = _____

7. Wandle um.   15 P

Schreibe in ml: Schreibe in cl: Schreibe in dl:

  9 cl = _____   6 dl = _____   3 l = _____

 34 cl = _____   77 dl = _____   29 l = _____

Schreibe in l und dl: Schreibe in l und cl: Schreibe in l:

 17 dl = _____   220 cl = _____   2 hl = _____

 66 dl = _____   590 cl = _____   9 hl = _____

 89 dl = _____   836 cl = _____   12 hl = _____

Gratuliere!

Bestimmt hast du alle Aufgaben gut gelöst!

Lernkontrolle 5

Gesamtpunktzahl: 54 P
Lernzielerreichung: 32 P
Erreichte Punktzahl: _____   Name: _____

1. Schätze und miss die verschiedenen Volumen.   10 P
   Wähle aus den bereitliegenden Gefäßen fünf aus und nimm
   sie zu dir an den Platz.

   1. Schätze den Inhalt und notiere das Ergebnis.
   2. Miss mit einem Messbecher und schreibe das Volumen auf.
   3. Rechne den Unterschied aus.

Gefäß	geschätzt	gemessen	Unterschied
1.			
2.			
3.			
4.			
5.			

2. Zähle die Volumen der Flüssigkeiten zusammen.   6 P
   Wandle sinnvoll um.

250 ml

2 dl

100 ml

15 ml

1 l

5 dl

2 Kaffeesahne + 2 Wasser =	3 Nagellack + 4 Zahnpasten =
3 Zahnpasten + 4 Milch =	4 Wasser + 1 Milch =
2 Fahrradflaschen + 1 Milch =	5 Milch + 5 Kaffeesahne =

3. Ordne. 6 P

Ordne die Flüssigkeiten der Größe nach. Beginne mit der größten Menge.

6 ml	60 dl	60 ml	16 ml
6 l 6 dl	1 cl	60 l	6 dl
59 cl	6 hl	100 ml	59 dl

_____

_____

4. Rechne. 2 P

1 hl Most wird in 7 große Flaschen abgefüllt. Wie viel Most passt in jede Flasche und wie viele Liter bleiben übrig?

_____

Wie viele Fläschchen zu 125 ml kann ich mit 1 Liter Flüssigkeit abfüllen?

_____

5. Ergänze. 8 P

Wie viel fehlt zu 1 Liter?

4 dl	8 dl	30 cl	45 cl	87 cl	200 ml	150 ml	477 ml

Wie viel fehlt zu 1 Liter?

700 ml	550 ml	326 ml	60 cl	85 cl	18 cl	1 dl	3½ dl

6. Rechne. 2 P

In einem kleinen Restaurant werden am Montag die folgenden Getränke verkauft:
Cola: 10 Gläser à 3 dl
Limo: 12 Gläser à 3 dl
Wasser: 18 Gläser à 5 dl
Orangensaft: 5 Fläschchen à 2 dl
Kakao: 4 Tassen à 3 dl
Kaffee: 14 Tassen à 2 dl
Berechne den Gesamtverbrauch und wandle sinnvoll um.
_____

7. Wandle um. 12 P

Schreibe in l und ml:

4700 ml = _____

9350 ml = _____

1020 ml = _____

11490 ml = _____

Schreibe in l und cl:

350 cl = _____

677 cl = _____

302 cl = _____

1360 cl = _____

Schreibe in hl und l:

120 l = _____

934 l = _____

809 l = _____

1030 l = _____

8.

Gleich bist du am Ziel. Prima!

8. Wer trinkt wie viel? Berechne. 4 P

Michi
Ich trinke 3 Gläser mit 3 dl Wasser.
_____

Andi
Ich trinke
2 dl Kakao,
4 Halblitergläser Wasser + 3 dl Milch.
_____

Sarah
Ich trinke das Doppelte wie Michi.
_____

Sonja
Ich trinke einen halben Liter weniger als Andi.
_____

9. Bemale die Flaschendeckel mit dem gleichen Volumen mit der gleichen Farbe. 4 P

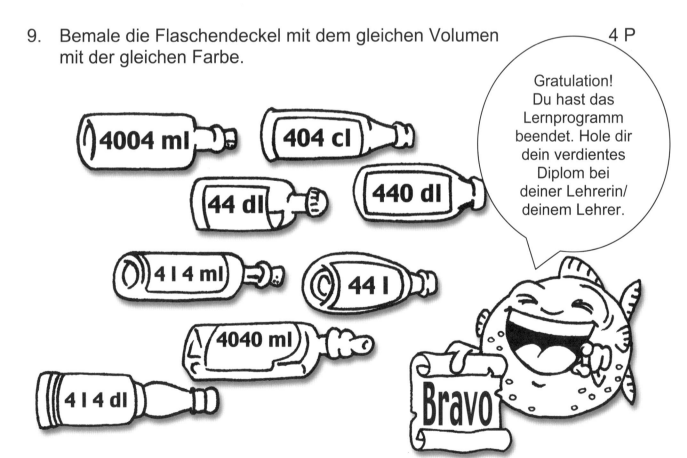

Gratulation! Du hast das Lernprogramm beendet. Hole dir dein verdientes Diplom bei deiner Lehrerin/ deinem Lehrer.

Hilfsblatt

1 hl = 100 l

			hl		**l**	dl	cl	ml
			1	**0**	**0**			

1 l = 10 dl

			hl		**l**	**dl**	cl	ml
					1	**0**		

1 l = 100 cl

			hl		**l**	dl	**cl**	ml
					1	**0**	**0**	

1 l = 1000 ml

			hl		**l**	dl	cl	**ml**
					1	**0**	**0**	**0**

1 dl = 10 cl

			hl		l	**dl**	**cl**	ml
						1	**0**	

1 cl = 10 ml

			hl		l	dl	**cl**	**ml**
							1	**0**

Volumen L2
Lösung

Wie viel Flüssigkeit hat in einer Flasche Mineralwasser oder in einer Spritze Platz? Wie viel Wasser brauche ich, bis die Badewanne voll ist? Wir werden es gemeinsam herausfinden. Rechnen mit Volumen macht Spaß.

Falls du einmal nicht mehr weiterkommst oder du nicht verstehst, was ich dich frage, kannst du im Lernprogramm zurückblättern.
Du kannst auch auf dem Hilfsblatt nachschauen, ein anderes Kind fragen oder – erst am Schluss – deine Lehrerin oder deinen Lehrer um Hilfe bitten.

Es ist sehr wichtig, dass du lernst, ein Problem alleine zu lösen. Immer zu Beginn einer Aufgabe findest du Ziele.
Diese solltest du am Schluss beherrschen. Ob du die Ziele erreicht hast, kannst du mit den Lernkontrollen testen.

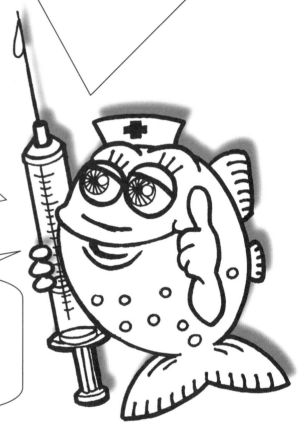

Aufgabe 1:

Notiere hier alle Maßeinheiten für Volumen, die du kennst.
Schreibe rechts die Abkürzung.

Milliliter	ml
Zentiliter	cl
Deziliter	dl
Liter	l
Hektoliter	hl

Volumen L6
Lösung

Ziel:
- Du lernst Gefäße mit ihren Flüssigkeitsangaben kennen und richtig zuordnen.
- Du kannst Volumen zusammenzählen.

Wie viele Milliliter haben in einer Tube Zahnpasta Platz? Gibt es Unterschiede in den Größen? Überprüfe zu Hause, in der Schule oder beim nächsten Einkauf.

Bemale das jeweilige Gefäß und die dazu richtige Flüssigkeitsmenge mit der gleichen Farbe. Beginne mit der größten Menge. Bilde am Schluss das Lösungswort.

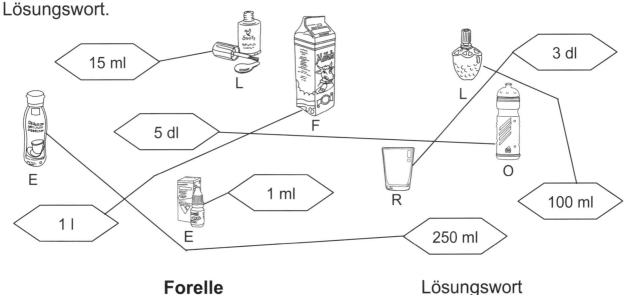

Forelle _____ Lösungswort

Zähle das Volumen der Gefäße zusammen.

Shampoo 400 ml + Parfum 100 ml + Nagellack 15 ml = **515 ml**

Becher 3 dl + Flasche 1l 5 dl + Rahm 2 dl 5 cl = **2 l 5 cl**

Esslöffel 1 cl + Ketchupflasche 600 ml + Creme 150 ml = **760 ml**

Volumen L7
Lösung

Wir müssen die Stäbe der Reihe nach so wegnehmen, dass keiner wackelt. Male jeden Stab von oben nach unten mit einer anderen Farbe an und trage die Buchstaben fortlaufend in die Tabelle ein. So finden wir das gesuchte Tier.

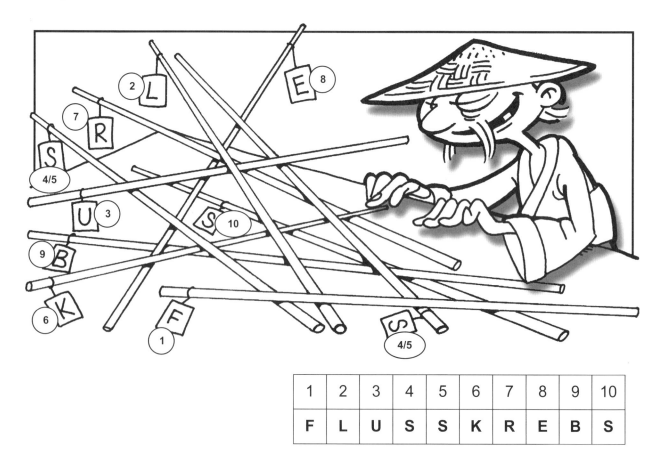

1	2	3	4	5	6	7	8	9	10
F	L	U	S	S	K	R	E	B	S

Hole dir die Lernkontrolle 1.

Volumen L8

Lösung

Ziele:

- Du lernst, verschiedene Volumen der Größe nach zu ordnen.
- Du lernst, Größen miteinander zu vergleichen (< = >).

Hilfst du mir? Mir sind alle Maße durcheinander geraten. Nun müssen wir sie wieder ordnen!

Suche alle Volumensangaben heraus und ordne sie der Größe nach.
Beginne mit dem kleinsten Maß.
Tipp: Streiche erst die „falschen" Maße durch.

10 g	1 cl	75 ml	1 kg
10 l	75 cm	1 dl	1 l 5 dl
20 dl	11 ml	7 m 5 mm	1000 ml

1 cl – 11 ml – 75 ml – 1 dl – 1000 ml – 1 l 5 dl – 20 dl – 10 l

Setze das passende Zeichen (< = >).

10 dl = 1 l   2000 ml > 20 cl

3003 ml > 3 l   10 ml < 1 cl 1 ml

11 ml > 1 cl   5 l 4 dl > 50 dl

9 dl < 90 l   200 ml = 2 dl

Volumen L9
Lösung

Ziel:
- Du lernst, auf 1 l zu ergänzen.

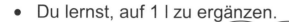

Weißt du, wie viele Milliliter in einem Liter Platz haben?
1 l = _____ ml

1 l = 10 dl   Wie viel fehlt zu 1 Liter?

4 dl	3 dl	8 dl	1 dl	5 dl	9½ dl	2½ dl	5½ dl
6 dl	**7 dl**	**2 dl**	**9 dl**	**5 dl**	**½ dl**	**7½ dl**	**4½ dl**

1 l = 100 cl   Wie viel fehlt zu 1 Liter?

10 cl	40 cl	70 cl	20 cl	55 cl	25 cl	75 cl	95 cl
90 cl	**60 cl**	**30 cl**	**80 cl**	**45 cl**	**75 cl**	**25 cl**	**5 cl**

1 l = 1000 ml   Wie viel fehlt zu 1 Liter?

300 ml	450 ml	120 ml	580 ml	978 ml	245 ml	888 ml
700 ml	**550 ml**	**880 ml**	**420 ml**	**22 ml**	**755 ml**	**112 ml**

Immer zwei gleiche Rauminhalte gehören in das selbe Gefäß.

Übe weiter mit dem Übungsblatt 2 oder dem Profiblatt 2.

Volumen L11
Lösung

Löse die Aufgaben und korrigiere sie. Wandle mithilfe der Tabelle um.

Schreibe in ml:
- 1 cl = **10 ml**
- 5 cl = **50 ml**
- 15 cl = **150 ml**
- 43 cl = **430 ml**

Schreibe in cl:
- 1 dl = **10 cl**
- 7 dl = **70 cl**
- 19 dl = **190 cl**
- 54 dl = **540 cl**

Schreibe in dl:
- 1 l = **10 dl**
- 9 l = **90 dl**
- 12 l = **120 dl**
- 68 l = **680 dl**

Schreibe in cl:
- 1 l = **100 cl**
- 3 l = **300 cl**
- 25 l = **2500 cl**
- 90 l = **9000 cl**

Schreibe in dl:
- 1 l = **10 dl**
- 6 l = **60 dl**
- 13 l = **130 dl**
- 57 l = **570 dl**

Schreibe in ml:
- 1 l = **1000 ml**
- 8 l = **8000 ml**
- 16 l = **16000 ml**
- 32 l = **32000 ml**

Schreibe in l und dl:
- 14 dl = **1 l 4 dl**
- 77 dl = **7 l 7 dl**
- 51 dl = **5 l 1 dl**
- 87 dl = **8 l 7 dl**
- 112 dl = **11 l 2 dl**

Schreibe in l und cl:
- 110 cl = **1 l 10 cl**
- 420 cl = **4 l 20 cl**
- 917 cl = **9 l 17 cl**
- 563 cl = **5 l 63 cl**
- 291 cl = **2 l 91 cl**

Schreibe in l:
- 1 hl = **100 l**
- 3 hl = **300 l**
- 10 hl = **1000 l**
- 24 hl = **2400 l**
- 2 hl 40 l = **240 l**

Hole dir anschließend die Lernkontrolle 2.

Volumen L12
Lösung

Ziele:
- Du lernst, Rechnungen mit Rauminhalten zu lösen.

Wasserglas 3 dl

Zahnpasta 75 ml

Shampoo 400 ml

Spritze 10 ml

Sahne 125 ml

Milch 1 l

Wie viel Flüssigkeit enthalten …?

2 x Milch + 1 Shampoo =	**2 l 400 ml**	5 Zahnpasten =	**375 ml**
3 Gläser Wasser + 1 Spritze =	**9 dl 10 ml**	2 x Sahne + 3 x Milch =	**3 l 250 ml**
2 Zahnpasten + 2 x Sahne =	**400 ml**	2 Gläser Wasser + 2 Shampoos =	**1 l 4 dl**
4 Spritzen + 3 Shampoos =	**1 l 240 ml**	3 Zahnpasten + 1 Spritze =	**235 ml**
2 x Milch + 4 Gläser Wasser =	**3 l 2 dl**	4 x Sahne + 1 Glas Wasser =	**8 dl**

Rechne die verschiedenen Rauminhalte zusammen.

180 ml + 460 ml =	**640** ml	2 l 5 dl + 4 l 4 dl =	**6 l 9** dl
250 ml + 615 ml =	**865** ml	5 l 3 dl + 6 l 7 dl =	**12 l**
790 ml + 520 ml =	**1 l 310** ml	6 l 80 cl + 3 l 40 cl =	**10 l 20 cl**
7 dl + 7 dl =	**1 l 4** dl	3 l 770 ml + 4 l 190 ml =	**7 l 960 ml**
9 dl + 8 dl =	**1 l 7** dl	8 l 250 ml + 1 l 920 ml =	**10 l 170 ml**

Deine Familie sitzt im Restaurant. Du trinkst 3 dl Saft. Dein kleiner Bruder trinkt 2 dl Limo und deine Schwester einen halben Liter stilles Wasser. Deine Eltern teilen sich eine Flasche Mineralwasser von 1½ l.

Wie viel trinkt die ganze Familie? **2 ½ l oder 2 l 5 dl**

Volumen L13
Lösung

Trinken ist wichtig und gesund! Wer trinkt wie viel?

Rudi:
Ich trinke 3 Gläser zu je 3 dl.

9 dl

Chris:
Ich trinke 1 dl mehr als das Kind, welches am wenigsten trinkt.

6 dl

Andrea:
Ich trinke 10 l – 7½ l.

2 l 5 dl

Lena:
Ich trinke 2 dl mehr als Rudi.

1 l 1 dl

Stefan:
Ich trinke 8 x 2½ dl.

2 l

Dani:
Ich trinke 4 x 2½ dl.

1 l

Anita:
Ich trinke 10 l – 9 l und ein Glas zu 3 dl.

1 l 3 dl

Sarah:
Ich trinke so viel wie Rudi und Lena zusammen.

2 l

Claudia:
Ich trinke 11 l – 8½ l.

2½ l oder 2 l 5 dl

Melanie:
Ich trinke einen halben Liter weniger als Stefan.

1½ l oder 1 l 5 dl

Tanja:
Ich trinke nur halb so viel wie Dani.

5 dl

Thomas:
Ich trinke das Doppelte von Anita.

2 l 6 dl

Hole dir bei deiner Lehrerin oder deinem Lehrer die Lernkontrolle 4.

Volumen L14
Lösung

Ziel:
- Du lernst, einen Text aufmerksam zu lesen und anschließend die gestellte Rechenaufgabe zu lösen.

1. „Heute füllen wir das Becken nur bis zur Hälfte", meint die Mutter.

   Sie füllen es mit **150 l** Wasser.

2. Der Vater geht **15** Mal, bis das Becken halbvoll ist.

3. Um das Becken ganz zu füllen, bräuchte man **30** Eimer.

4. „Ich möchte gerne noch mehr Wasser", jammert Samuel.
   Er füllt seinen Eimer 6 Mal und leert somit **36 l** dazu.

5. Nach einer Woche wird das Wasser gewechselt. Der Vater und Samuel gehen beide 15 Mal. Mit wie vielen Litern ist das Schwimmbecken zum Schluss gefüllt? **150 l + 90 l = 240 l**

6. Die Mutter tränkt an diesem Tag ihre Blumen und füllt die Flasche 8 Mal. Wie viel Wasser befindet sich nun noch im Schwimmbecken? **232 l**

7. Es kommt Besuch und das Schwimmbecken wird ganz neu gefüllt. Der Vater geht 20 Mal. Wie viel Wasser fehlt jetzt noch? **100 l**
   Wie oft müssten Vater und Sohn nun noch gehen?

   Vater: 4 x = 40 l + Sohn: 10 x = 60 l ⇒ zusammen = 100 l
   Vater: 7 x = 70 l + Sohn: 5 x = 30 l ⇒ zusammen = 100 l
   Vater: 1 x = 10 l + Sohn: 15 x = 90 l ⇒ zusammen = 100 l

Übe weiter mit dem Übungsblatt 4 oder Profiblatt 4.

Volumen L15
Lösung

Ziele:
- Du lernst, Aufgaben genau zu lesen.
- Du lernst, verschiedene Rauminhalte zusammenzuzählen.

Wasserverbrauch im Haushalt

Duschen: in 5 min verbraucht man ca. 35 l Wasser
Baden: Badewanne normal gefüllt = 180 l
WC-Spülung ohne Unterbrechung = 9 l
WC-Spülung mit Unterbrechung = 5 l
Geschirrspülmaschine normal = 14 l
Geschirrspülmaschine intensiv = 23 l
Zähne putzen mit laufendem Wasser = 3 l
Zähne putzen ohne laufendes Wasser = 1 l

In Josefs Familie wird mit dem kostbaren Wasser nicht gespart. Berechne den Wasserverbrauch der Familie in hl und l (2 Kinder, 2 Erwachsene).

Alle Familienmitglieder duschen am Morgen 10 min. Am Feierabend nach der Arbeit nimmt der Vater jeweils ein Bad. Jedes Kind betätigt 3 Mal pro Tag die WC-Spülung ohne Unterbrechung, Vater und Mutter benutzen sie jeweils nur 2 Mal, aber auch ohne zu stoppen. Die Zähne werden von allen 2 Mal geputzt, währenddessen das Wasser läuft. Am Abend spülen sie ihr Geschirr mit dem intensiven Spülprogramm.

Berechnung:

Duschen 4 x 70 l = 280 l / Baden = 180 l / WC-Spülung 10 x 9 l = 90 l /

Zähne putzen 8 x 3 l = 24 l / Geschirrspülmaschine = 23 l /

Gesamtverbrauch = 597 l = 5 hl 97 l

Aufgabe für schlaue Köpfe.
Josef setzt sein Kaninchen auf die Waage.
Es wiegt 5 kg. Wie viel wiegt es, wenn es zwei seiner vier Pfoten in die Luft hält?

Es wiegt immer noch 5 kg.

Volumen L17

Lösung

Ziele:

- Du lernst, Rauminhalte umzuwandeln und 3 gleich große Volumen zu finden.
- Du kannst Formen genau abzeichnen.

Steine am Bach

Jeder Steinturm besteht aus 4 Steinen, die alle das gleiche Volumen haben (siehe 10 dl). Der unterste Stein ist immer gegeben. Suche die anderen Steine des Turms und zeichne die Form genau ab. Schreibe dann den Rauminhalt hinein. 2 Steine gehören nicht dazu. Male diese aus. Wandle um, wenn es dir hilft.

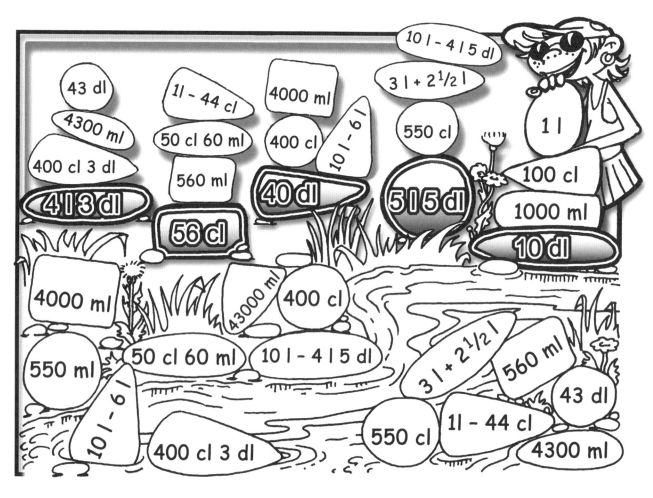

Volumen L19
Lösung

Sudoku

Du hast gut gearbeitet und dir darum ein Spiel verdient.

Wenn du die Volumen waagerecht, senkrecht und in einem fett gedruckten Quadrat zusammenzählst, erhältst du immer 1 Liter.
Unten sind alle möglichen Maßeinheiten angegeben.

Viel Spaß!

Kennst du SUDOKU? Genau das spielen wir jetzt zusammen!

200 ml	**40 ml**	60 ml	15 cl	5 cl	**2 dl**	**10 cl**	100 ml	1 dl
10 cl	15 cl	100 ml	**1 dl**	200 ml	60 ml	2 dl	**5 cl**	40 ml
1 dl	5 cl	**2 dl**	40 ml	100 ml	10 cl	15 cl	60 ml	**200 ml**
15 cl	**200 ml**	10 cl	2 dl	40 ml	**100 ml**	5 cl	**1 dl**	60 ml
40 ml	2 dl	**5 cl**	**10 cl**	60 ml	1 dl	**100 ml**	200 ml	**15 cl**
60 ml	**100 ml**	**1 dl**	5 cl	15 cl	200 ml	40 ml	**10 cl**	2 dl
2 dl	**10 cl**	40 ml	**60 ml**	1 dl	**5 cl**	200 ml	**15 cl**	100 ml
100 ml	1 dl	15 cl	200 ml	10 cl	40 ml	60 ml	**2 dl**	**5 cl**
5 cl	**60 ml**	200 ml	**100 ml**	2 dl	**15 cl**	1 dl	40 ml	10 cl

40 ml	5 cl	60 ml	10 cl	15 cl	100 ml	1 dl	200 ml	2 dl

Hole dir nach dem Spiel die Lernkontrolle 5.

Übungsblatt L1
Lösung

Verbinde die verschiedenen Rauminhalte mit den entsprechenden Bildern. Verwende Farbstifte.

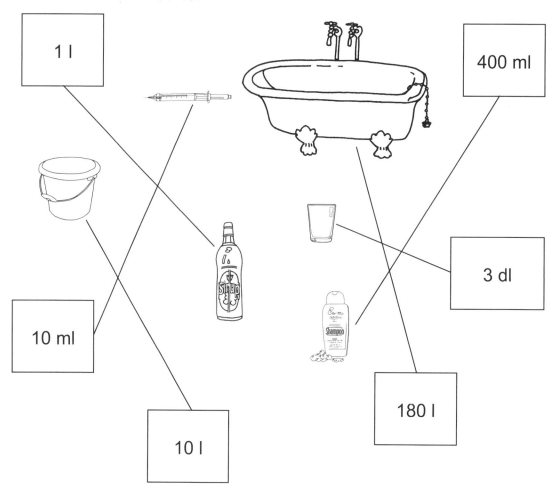

Welcher Gegenstand enthält mehr Flüssigkeit?
Verwende diese Zeichen < >.

Shampoo	>	Trinkglas
Badewanne	>	Mineralwasser
Milch	<	Eimer
Spritze	<	Shampoo
Trinkglas	>	Spritze
Mineralwasser	>	Milch

Profiblatt L1
Lösung

Verbinde die verschiedenen Rauminhalte mit den entsprechenden Bildern. Verwende Farbstifte.

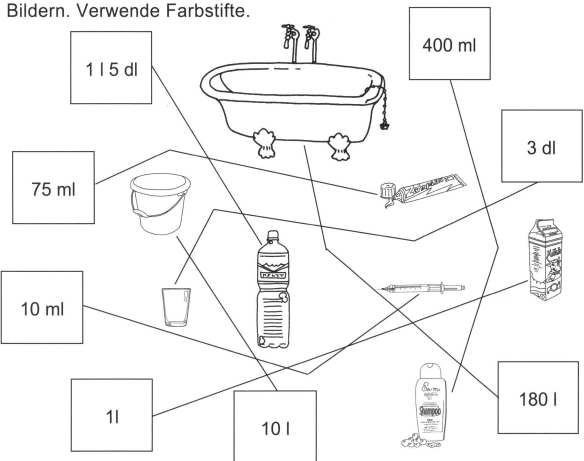

1. Wähle aus den verschiedenen Gefäßen auf dem Tisch fünf aus.
2. Schätze das Volumen und miss es anschließend.
3. Rechne dann den Unterschied aus.

Gegenstand	geschätzt	gewogen	Unterschied

Kontrolliere deine Lösungen mit deiner Lehrerin/deinem Lehrer.

Übungsblatt L2
Lösung

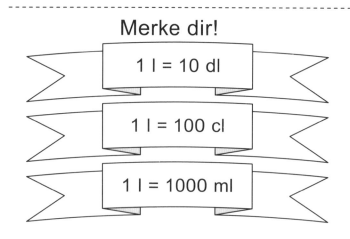

Merke dir!

1 l = 10 dl

1 l = 100 cl

1 l = 1000 ml

Wie viel fehlt zu 1 Liter?

7 dl	2 dl	5 dl	4 dl	5½ dl	2½ dl	3½ dl	9½ dl
3 dl	**8 dl**	**5 dl**	**6 dl**	**4½ dl**	**7½ dl**	**6½ dl**	**½ dl**

80 cl	40 cl	15 cl	55 cl	27 cl	39 cl	99 cl	23 cl
20 cl	**60 cl**	**85 cl**	**45 cl**	**73 cl**	**61 cl**	**1 cl**	**77 cl**

75 cl	44 cl	92 cl	87 cl	53 cl	26 cl	37 cl	89 cl
25 cl	**56 cl**	**8 cl**	**13 cl**	**47 cl**	**74 cl**	**63 cl**	**11 cl**

480 ml	560 ml	450 ml	850 ml	910 ml	640 ml	170 ml	390 ml
520 ml	**440 ml**	**550 ml**	**150 ml**	**90 ml**	**360 ml**	**830 ml**	**610 ml**

685 ml	245 ml	199 ml	523 ml	937 ml	865 ml	914 ml	784 ml
315 ml	**755 ml**	**801 ml**	**477 ml**	**63 ml**	**135 ml**	**86 ml**	**216 ml**

Achtung, die Aufgaben sind nun bunt gemischt!

910 ml	8½ dl	34 cl	78 cl	689 ml	3½ dl	124 ml	52 cl
90 ml	**1½ dl**	**66 cl**	**22 cl**	**311 ml**	**6½ dl**	**876 ml**	**48 cl**

Profiblatt L2
Lösung

Berechne die Ergebnisse und schreibe sie auf die Linien.
Verbinde dann die Punkte der Reihe nach zu einem Bild.

1. 3 dl + **7** dl = 1 l
2. 8 dl + **2** dl = 1 l
3. 25 cl + **75** cl = 1 l
4. 44 cl + **56** cl = 1 l
5. 87 cl + **13** cl = 1 l
6. 100 cl + **0** cl = 1 l
7. 140 ml + **860** ml = 1 l
8. 560 ml + **440** ml = 1 l
9. 888 ml + **112** ml = 1 l
10. 4 dl + **6** dl = 1 l
11. 99 cl + **1** cl = 1 l
12. 736 ml + **264** ml = 1 l
13. 356 ml + **644** ml = 1 l
14. 55 cl + **45** cl = 1 l
15. 68 cl + **32** cl = 1 l
16. 1 dl + **9** dl = 1 l
17. 101 ml + **899** ml = 1 l
18. 416 ml + **584** ml = 1 l
19. 37 cl + **63** cl = 1 l
20. 697 ml + **303** ml = 1 l
21. 609 ml + **391** ml = 1 l
22. 5 dl + **5** dl = 1 l
23. 57 cl + **43** cl = 1 l
24. 19 cl + **81** cl = 1 l
25. 35 cl + **65** cl = 1 l
26. 468 ml + **532** ml = 1 l
27. 984 ml + **16** ml = 1 l
28. 5 ml + **995** ml = 1 l
29. 15 cl + **85** cl = 1 l
30. 123 ml + **877** ml = 1 l

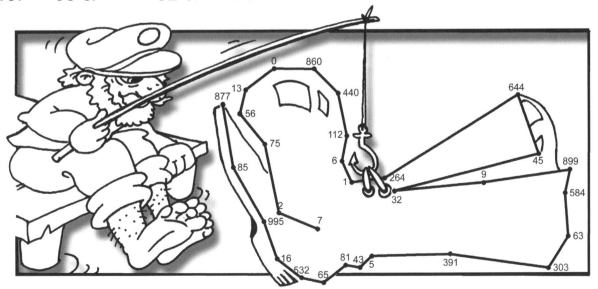

Übungsblatt L3
Lösung

Hier siehst du eine ähnliche Tabelle wie im Lernprogramm.
Nimm sie als Hilfe, um die Umrechnungsaufgaben zu lösen.

Trage 1 l 4 cl in die Tabelle ein.   1 l 4 cl = 104 cl

			hl		l	dl	cl	ml
					1	0	4	

Trage 1 l 9 dl in die Tabelle ein.   1 l 9 dl = **19** dl

			hl		l	dl	cl	ml
					1	9		

Trage 1 cl 8 ml in die Tabelle ein.   1 cl 8 ml = **18** ml

			hl		l	dl	cl	ml
							1	8

Trage 1 l 670 ml in die Tabelle ein.   1 l 670 ml = **1670** ml

			hl		l	dl	cl	ml
					1	6	7	0

Nun kannst du beweisen, was du alles gelernt hast.
Pass auf, die Aufgaben sind bunt gemischt!

1 l =	**10** dl	125 cl =	**1 l 25** cl	2 hl =	**200** l
1 l =	**100** cl	57 dl =	**5 l 7** dl	4 hl =	**400** l
1 l =	**1000** ml	5380 ml =	**5 l 380** ml	3 dl =	**30** cl
1 hl =	**100** l	563 cl =	**5 l 63** cl	9 cl =	**90** ml

Das Hilfsblatt kann dir bei den Aufgaben weiterhelfen!

Profiblatt L3
Lösung

Schreibe in ml:	Schreibe in dl:	Schreibe in cl:
4 cl = **40 ml**	7 l = **70 dl**	9 dl = **90 cl**
26 cl = **260 ml**	89 l = **890 dl**	38 dl = **380 cl**
1 dl = **100 ml**	102 l = **1020 dl**	13 l = **1300 cl**

Schreibe in ml:	Schreibe in l:	Schreibe in l und cl:
5 l = **5000 ml**	3 hl = **300 l**	334 cl = **3 l 34 cl**
33 l = **33000 ml**	45 hl = **4500 l**	956 cl = **9 l 56 cl**
67 l = **67000 ml**	200 hl = **20000 l**	1008 cl = **10 l 8 cl**

Achtung: Die Aufgaben sind nun bunt gemischt!

14 dl = **1 l 4 dl**

7 cl = **70 ml**

194 cl = **1 l 94 cl**

4677 ml = **4 l 677 ml**

555 l = **5 hl 55 l**

132 dl = **13 l 2 dl**

69 cl = **6 dl 9 cl**

Reicht die Menge für zwei Literflaschen oder wie viel fehlt Simon?

3 x 400 ml + 75 ml + 2 x 125 ml = 1525 ml
2000 ml − 1525 ml = 475 ml fehlen ihm noch.

Arbeite anschließend im Lernprogramm weiter.

Übungsblatt L4
Lösung

Ein Tag zu Besuch bei Karin

Vor dem Frühstück trinkt Karin 2 dl Wasser. Sie benutzt das WC mit 12 Liter Wasserverbrauch. Anschließend trinkt sie 3 dl Kakao, 2 dl Orangensaft und isst einen Joghurt mit 250 ml.

Flüssigkeitsverbrauch: **12 l 9 dl 50 ml oder 12 l 950 ml**

Nun duscht sie und verbraucht 45 l Wasser. Um ihre Zähne zu putzen, braucht sie 5 l. Die Mutter gibt ihr noch eine 5-dl-Wasserflasche mit.

Flüssigkeitsverbrauch: **50 l 5 dl**

In der Schule malen die Kinder Bilder mit Wasserfarben und verbrauchen 40 Liter, um die Pinsel zu waschen. Die Lehrerin tränkt anschließend mit einer 1½-l-Gießkanne ihre Blumen.

Flüssigkeitsverbrauch: **41 l 5 dl oder 41½ l**

Zu Hause bereitet die Mutter schon das Mittagessen zu. Sie kocht Nudeln mit 3 l Wasser, füllt einen Literkrug mit Limo und wäscht den Salat, wobei sie 8 l Wasser verbraucht.

Flüssigkeitsverbrauch: **12 l**

Am Abend verbraucht Karin nur noch Wasser, um die WC-Spülung zu betätigen und sich die Zähne zu putzen.

Flüssigkeitsverbrauch: **17 l**

Wie viel Flüssigkeit wurde den ganzen Tag verbraucht? **133 l 9 dl 5 cl**

Profiblatt L4
Lösung

1. Du presst frischen Orangensaft und leerst die folgenden Mengen in einen Krug: 5 dl + 8 dl + 9 dl + 6 dl. Nun verteilst du den Inhalt gerecht auf 7 gleich große Gläser. Wie viel erhält jedes Kind?	**Krug = 28 dl** 28 dl : 7 Gläser = 4 dl Jedes Kind erhält 4 dl.
2. In einer Milchkanne haben 40 l Milch Platz. Am Morgen werden die Kühe gemolken. Die Eimer werden alle in die Kanne geleert. 5 l + 7 l + 4 l + 9 l + 13 l. Wie viele Liter hätten jetzt noch in der Kanne Platz?	**38 l werden eingefüllt** 40 l – 38 l = 2 l 2 l hätten in der Kanne noch Platz.
3. Für kluge Köpfe! Wandle sinnvoll um. 1 dl + 300 ml + 2½ l + 25 cl + 8 dl + 450 ml = ? **1 dl + 3 dl + 25 dl + 2 ½ dl + 8 dl + 4 ½ dl**	44 dl = 4 l 4 dl
4. Alle 19 Kinder der vierten Klasse duschen pro Woche dreimal und baden einmal am Wochenende. duschen = 50 l baden = 150 l Wie viele Hektoliter werden so verbraucht?	5700 l = 57 hl
5. In einer Getränkekiste haben 6 x 4 Fläschchen Fruchtsaft zu je 2 dl Platz. Wie viele Liter und Deziliter sind das? Wie viele 3-dl-Gläser kannst du damit füllen?	24 x 2 dl = 48 dl 48 dl = 4 l 8 dl 48 dl : 3 dl = 16 Gläser
6. 1 l Wasser ist 1 kg schwer. Du füllst Wasser in 2 Eimer, die beide 700 g schwer sind. In den ersten füllst du 4½ l und in den zweiten 5 l 6 dl. Wie schwer sind nun diese Eimer zusammen?	11 kg 500 g
7. Ein menschliches Herz pumpt pro Tag 6048 Liter Blut. Wie viele Liter pumpt das Herz in einer Stunde und wie viel pro Woche?	6048 l : 24 = 252 l pro Stunde 6048 l x 7 = 42336 l pro Woche

Lernkontrolle L1

Lösung

Gesamtpunktzahl: 26 P

Lernzielerreichung: 16 P

Erreichte Punktzahl: _____   Name: _____

1. Nenne zwei verschiedene Maßeinheiten für das Volumen von Flüssigkeiten. **1 P**

   ml, cl, dl, l oder hl

2. Wähle aus den acht Gefäßen vier aus. **8 P**
   1. Schätze das Volumen.
   2. Fülle das Gefäß mit Wasser und miss den Inhalt mit einem Messbecher.
   3. Rechne den Unterschied aus.
   4. Lege das Gefäß wieder zurück.

Gegenstand	geschätzt	gemessen	Unterschied
1.			
2.			
3.			
4.			

3. Stimmt das? Antworte mit ja oder nein. **6 P**

	ja	nein
Eine Badewanne fasst 10 l Wasser.		X
Es gibt Spritzen, in welchen 100 cl Flüssigkeit Platz hat.		X
3 dl oder 5 dl Wasser passen in ein Glas.	X	
10 ml ist mehr als 1 cl.		X
In einer Tintenpatrone hat 1 ml Tinte Platz.	X	
10 Gläser zu 1 dl füllen eine Literflasche.	X	

4. Fülle eine Literflasche mit Wasser. 4 P

Wie viele Trinkgläser kannst du damit füllen?

Bleibt noch Wasser übrig? Wie viel? Miss mit einem Messbecher.

Wie viel Wasser hat nun in einem Trinkglas Platz? Rechne aus.

Nimm 4 verschiedene Gefäße, die weniger als 1 Liter fassen.

Gefäß	Wie viel kann ich füllen?	Wie viel Wasser bleibt übrig?	Wie viel Wasser fasst ein Gefäß?
Trinkglas	3 Gläser	1 dl Wasser	3 dl

5. Ordne den Gefäßen ihr richtiges Maß zu. Verbinde! 5 P

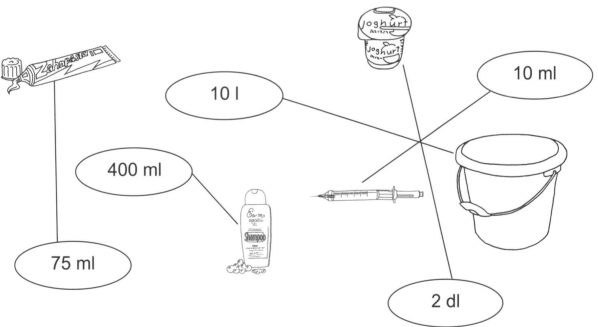

6. Zähle die Mengen der Flüssigkeiten zusammen. 2 P

2 l + 7 dl + 8 dl + 4 l + 5 dl = **8 l**

20 ml + 35 ml + 24 ml + 6 cl = **139 ml**

Lernkontrolle L2

Lösung

Gesamtpunktzahl: 44 P

Lernzielerreichung: 27 P

Erreichte Punktzahl: ___   Name: _____

1. Ordne die Volumensangaben der Größe nach.
   Beginne mit der größten. **5 P**

52 l	90 cl	55 dl
4999 ml	5 ml	7 dl
15 cl	5 l	420 cl

52 l – 55 dl – 5 l – 4999 ml – 420 cl – 90 cl – 7 dl – 15 cl – 5 ml

2. Setze das passende Zeichen (< = >). **3 P**

15 ml **>** 1 cl   3 l **>** 29 dl

200 l **=** 2 hl   113 cl **>** 1000 ml

3999 ml **<** 4 l   77 l **>** 7 l 7 dl

3. Ergänze. **7 P**

Wie viel fehlt zu 1 Liter? Achtung, die Aufgaben sind vermischt.

4 dl	9 dl	2½ dl	6½ dl	50 cl	77 cl	750 ml	830 ml
6 dl	**1 dl**	**7½ dl**	**3½ dl**	50 cl	**23 cl**	**250 ml**	**170 ml**

Wie viel fehlt zu 1 Liter?

124 ml	55 cl	274 ml	7½ dl	18 cl	399 ml	3 dl
876 ml	**45 cl**	**726 ml**	**2½ dl**	**82 cl**	**601 ml**	**7 dl**

4. Wandle um. **12 P**

Schreibe in ml:	Schreibe in cl:	Schreibe in dl:
4 cl = **40 ml**	3 dl = **30 cl**	7 l = **70 dl**
20 cl = **200 ml**	30 dl = **300 cl**	10 l = **100 dl**
35 cl = **350 ml**	49 dl = **490 cl**	24 l = **240 dl**
69 cl = **690 ml**	77 dl = **770 cl**	52 l = **520 dl**

5. Wandle um. **12 P**

Schreibe in l und dl:	Schreibe in l und ml:	Schreibe in l:
22 dl = **2 l 2 dl**	2300 ml = **2 l 300 ml**	1 hl = **100 l**
89 dl = **8 l 9 dl**	6750 ml = **6 l 750 ml**	3 hl = **300 l**
13 dl = **1 l 3 dl**	1902 ml = **1 l 902 ml**	10 hl = **1000 l**
98 dl = **9 l 8 dl**	9846 ml = **9 l 846 ml**	24 hl = **2400 l**

6. Bemale jeweils die Körper von den zwei Fischen, die das **5 P**
   gleiche Volumen haben, mit der gleichen Farbe.
   Alle Fische < 1 Liter erhalten einen roten Kopf = **grau markiert**.
   Alle Fische > 1 Liter erhalten einen blauen Kopf.

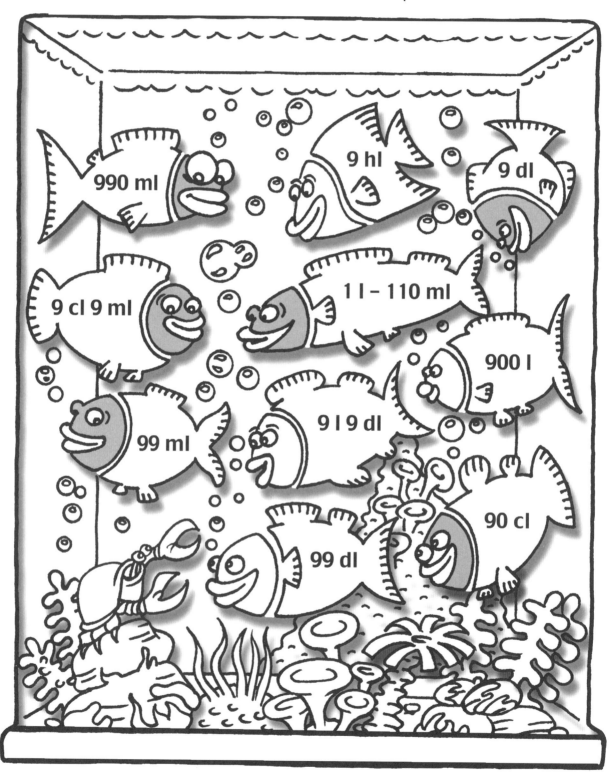

Lernkontrolle L3
Lösung

Gesamtpunktzahl: 27 P
Lernzielerreichung: 16 P
Erreichte Punktzahl: _____   Name: _____

1. Rechne aus. 6 P

    1 l 5 dl + 3 l 4 dl = **4 l 9 dl**

    4 l 6 dl + 2 l 6 dl = **7 l 2 dl**

    7 l 20 cl + 1 l 50 cl = **8 l 70 cl**

    2 l 45 cl + 2 l 65 cl = **5 l 10 cl**

    8 l 100 ml + 1 l 550 ml = **9 l 650 ml**

    5 l 300 ml + 6 l 800 ml = **12 l 100 ml**

7 P

2. Schreibe in l und dl: Schreibe in l und cl: Schreibe in l und ml:

  72 dl = **7 l 2 dl**   120 cl = **1 l 20 cl**   3500 ml = **3 l 500 ml**

  84 dl = **8 l 4 dl**   460 cl = **4 l 60 cl**   8200 ml = **8 l 200 ml**

  25 dl = **2 l 5 dl**   619 cl = **6 l 19 cl**   4050 ml = **4 l 50 ml**

  33 dl = **3 l 3 dl**   804 cl = **8 l 4 cl**   6777 ml = **6 l 777 ml**

  102 dl = **10 l 2 dl**   253 cl = **2 l 53 cl**   10300 ml = **10 l 300 ml**

3. Rechne aus. 4 P

   Roland trinkt an einem Tag 2 l 5 dl Wasser. Sabine trinkt 6 dl weniger als er.

   Wie viel trinkt Sabine? **1 l 9 dl**

   Wie viel trinken beide zusammen? **4 l 4 dl**

   Alma, die schönste Kuh im Stall, gibt pro Tag 19 l Milch. Nancy gibt 8 l mehr Milch als Alma.

   Wie viele Liter Milch geben beide Kühe zusammen pro Tag? **46 l**

   Wie viele hl und l Milch geben Nancy und Alma in einer Woche? **3 hl 22 l**

4. Wasserverbrauch im Haushalt: 4 P

5 min duschen	= 35 l
WC-Spülung ohne Unterbrechung	= 9 l
WC-Spülung mit Unterbrechung	= 5 l
Zähne putzen mit laufendem Wasser	= 3 l
Zähne putzen ohne laufendes Wasser	= 1 l

   Marc wohnt mit seiner Schwester Lisa und seinen Eltern zusammen. Marc und Lisa putzen 3x pro Tag die Zähne ohne laufendes Wasser. Ihr Vater und ihre Mutter tun dies ebenso. Die Eltern duschen beide am Morgen für je 5 min. Alle vier betätigen je 2x die WC-Spülung und stoppen diese auch.

   Berechne den Wasserverbrauch der Familie in hl und l.

   Zähne putzen: 12 x 1 l =   12 l
   Duschen: 2 x 35 l =   70 l
   WC-Spülung: 8 x 5 l =   40 l
   Gesamtverbrauch: 122 l = 1 hl 22 l

5. Für schlaue Füchse 1 P

   In einem Fass lagern 1 hl 30 l Apfelsaft. Herr Sutter füllt 7 Getränkekisten mit je 6 Literflaschen ab.

   Wie viele Liter bleiben im Fass noch übrig? **130 l – 42 l = 88 l**

6. Überlege und rechne aus. 5 P

Roger und Ralf malen gerne in ihrer Freizeit. Ihre Farbtuben sind alle verschieden voll.

rot = 300 ml, blau = 550 ml, gelb = 280 ml, grün = 770 ml, lila = 920 ml

1. Wie viele l und ml Farbe besitzen die Jungen insgesamt?
   2820 ml = 2 l 820 ml

2. Von jeder Farbe verbrauchen sie in einer Woche 10 ml. Wie viel Farbe haben sie nach zweiwöchiger Arbeit noch?
   2 l 820 ml – 100 ml = 2 l 720 ml

3. Pro Bild verbraucht Roger 5 ml Farbe. Wie viele grüne Bilder könnte er malen? **770 ml : 5 ml = 154 Bilder**

4. Ralf malt ein Bild mit roter, blauer und gelber Farbe. Er braucht dazu von allen drei Farben die halbe Tube.
   Wie viel ml Farbe braucht er? **565 ml**
   Wie viel würden diese Farben kosten, wenn 5 ml 1 € kosten? **565 ml : 5 ml = 113 €**

Lernkontrolle L4
Lösung

Gesamtpunktzahl: 48 P
Lernzielerreichung: 29 P
Erreichte Punktzahl: ___   Name: _____

1. Schätze und miss. 6 P

   Wähle aus den vorgegebenen Gefäßen 6 aus. Fülle jedes Gefäß mit Wasser, schätze den Inhalt und miss dann mit einem Messbecher nach.

   1. Schätze den Inhalt und notiere das Ergebnis.
   2. Miss mit einem Messbecher.
   3. Rechne den Unterschied aus.

Gefäß	geschätzt	gemessen	Unterschied
Beispiel: Gurkenglas	7 dl	5 dl	2 dl
1.			
2.			
3.			
4.			
5.			
6.			

5 P

2. Alle Fische mit der gleichen Flüssigkeit kommen zum Fischer ins Netz. Bemale diese mit einer Farbe. 3 Fische bleiben draußen.

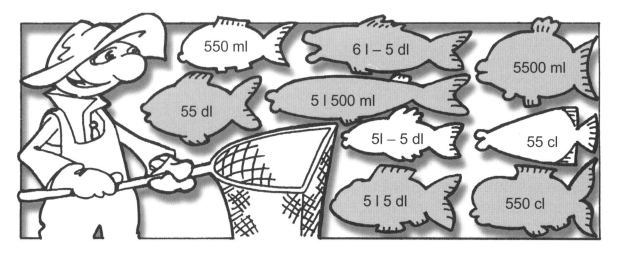

3. Berechne die Anzahl der Gefäße. 5 P

Ein Becken fasst 4 l Wasser. Anzahl Gefäße

Wie viele Gefäße zu 10 dl können damit gefüllt werden? **4**

Wie viele Gefäße zu 8 dl können damit gefüllt werden? **5**

Wie viele Gefäße zu 5 dl können damit gefüllt werden? **8**

Wie viele Gefäße zu 4 dl können damit gefüllt werden? **10**

Wie viele Gefäße zu 2 dl können damit gefüllt werden? **20**

1. Ergänze.

Wie viel fehlt zu 1 Liter? 7 P

10 cl	30 cl	80 cl	15 cl	45 cl	25 cl	65 cl	92 cl
90 cl	**70 cl**	**20 cl**	**85 cl**	**55 cl**	**75 cl**	**35 cl**	**8 cl**

Wie viel fehlt zu 1 Liter?

300 ml	350 ml	220 ml	670 ml	975 ml	139 ml	777 ml
700 ml	**650 ml**	**780 ml**	**330 ml**	**25 ml**	**861 ml**	**223 ml**

2. Lies und rechne. 2 P

Du hast eine Getränkekiste mit 6 Mineralwasserflaschen zu je 1½ l. Nun trinkst du zwei Flaschen leer.
Wie viele Liter bleiben noch übrig?
6 l

Du kaufst ein neues Shampoo mit 400 ml Inhalt. Jeden Tag verbrauchst du 10 ml, um dir deine Haare zu waschen.
Wie lange hält dein Shampoo?
40 Tage

3. Rechne aus. 8 P

230 ml + 190 ml = **420 ml**   2 l 5 dl + 6 l 3 dl = **8 l 8 dl**

760 ml + 205 ml = **965 ml**   4 l 9 dl + 8 l 2 dl = **13 l 1 dl**

585 ml + 415 ml = **1 l**   7 l 260 ml + 1 l 900 ml = **9 l 160 ml**

8 dl + 7 dl = **1 l 5 dl**   5 l 40 cl + 3 l 85 cl = **9 l 25 cl**

4. Wandle um. 15 P

Schreibe in ml:	Schreibe in cl:	Schreibe in dl:
9 cl = **90 ml**	6 dl = **60 cl**	3 l = **30 dl**
34 cl = **340 ml**	77 dl = **770 cl**	29 l = **290 dl**

Schreibe in l und dl:	Schreibe in l und cl:	Schreibe in l:
17 dl = **1 l 7 dl**	220 cl = **2 l 20 cl**	2 hl = **200 l**
66 dl = **6 l 6 dl**	590 cl = **5 l 90 cl**	9 hl = **900 l**
89 dl = **8 l 9 dl**	836 cl = **8 l 36 cl**	12 hl = **1200 l**

Gratuliere!

Bestimmt hast du alle Aufgaben gut gelöst!

Lernkontrolle L5

Lösung

Gesamtpunktzahl: 54 P

Lernzielerreichung: 32 P

Erreichte Punktzahl: _____   Name: _____

1. Schätze und miss die verschiedenen Volumen.   10 P
   Wähle aus den bereitliegenden Gefäßen fünf aus und nimm
   sie zu dir an den Platz.

   1. Schätze den Inhalt und notiere das Ergebnis.
   2. Miss mit einem Messbecher und schreibe das Volumen auf.
   3. Rechne den Unterschied aus.

Gefäß	geschätzt	gemessen	Unterschied
1.			
2.			
3.			
4.			
5.			

2. Zähle die Volumen der Flüssigkeiten zusammen.   6 P
   Wandle sinnvoll um.

250 ml   2 dl   100 ml   15 ml   1 l   5 dl

2 Kaffeesahne + 2 Wasser =	**9 dl**	3 Nagellack + 4 Zahnpasten =	**445 ml**
3 Zahnpasten + 4 Milch =	**4 l 300 ml**	4 Wasser + 1 Milch =	**1 l 8 dl**
2 Fahrradflaschen + 1 Rahm =	**1 l 5 dl**	5 Milch + 5 Kaffeesahne =	**6 l 250 ml**

Claudia Büchler: Lernprogramm Volumen · 3./4. Klasse · Best.-Nr. 806 · © Brigg Pädagogik Verlag GmbH, Augsburg

3. Ordne. 6 P

Ordne die Flüssigkeiten der Größe nach. Beginne mit der größten Menge.

| 6 ml | 60 dl | 60 ml | 16 ml |

| 6 l 6 dl | 1 cl | 60 l | 6 dl |

| 59 cl | 6 hl | 100 ml | 59 dl |

6 hl – 60 l – 6 l 6 dl – 60 dl – 59 dl – 6 dl – 59 cl – 100 ml –

60 ml – 16 ml – 1 cl – 6 ml

4. Rechne. 2 P

1 hl Most wird in 7 große Flaschen abgefüllt. Wie viel Most passt in jede Flasche und wie viele Liter bleiben übrig?

14 l passen in jede Flasche und 2 l bleiben übrig.

Wie viele Fläschchen zu 125 ml kann ich mit 1 Liter Flüssigkeit abfüllen?

8 Fläschchen kann ich abfüllen.

5. Ergänze. 8 P

Wie viel fehlt zu 1 Liter?

4 dl	8 dl	30 cl	45 cl	87 cl	200 ml	150 ml	477 ml
6 dl	**2 dl**	**70 cl**	**55 cl**	**13 cl**	**800 ml**	**850 ml**	**523 ml**

Wie viel fehlt zu 1 Liter?

700 ml	550 ml	326 ml	60 cl	85 cl	18 cl	1 dl	3½ dl
300 ml	**450 ml**	**674 ml**	**40 cl**	**15 cl**	**82 cl**	**9 dl**	**6½ dl**

6. Rechne. 2 P

In einem kleinen Restaurant werden am Montag die folgenden Getränke verkauft:
Cola: 10 Gläser à 3 dl
Limo: 12 Gläser à 3 dl
Wasser: 18 Gläser à 5 dl
Orangensaft: 5 Fläschchen à 2 dl
Kakao: 4 Tassen à 3 dl
Kaffee: 14 Tassen à 2 dl
Berechne den Gesamtverbrauch und wandle sinnvoll um.
20 l 6 dl

7. Wandle um. 12 P

Schreibe in l und ml:

4700 ml = **4 l 700 ml**

9350 ml = **9 l 350 ml**

1020 ml = **1 l 20 ml**

11490 ml = **11 l 490 ml**

Schreibe in l und cl:

350 cl = **3 l 50 cl**

677 cl = **6 l 77 cl**

302 cl = **3 l 2 cl**

1360 cl = **13 l 60 cl**

Schreibe in hl und l:

120 l = **1 hl 20 l**

934 l = **9 hl 34 l**

809 l = **8 hl 9 l**

1030 l = **10 hl 30 l**

Gleich bist du am Ziel. Prima!

8. Wer trinkt wie viel? Berechne. 4 P

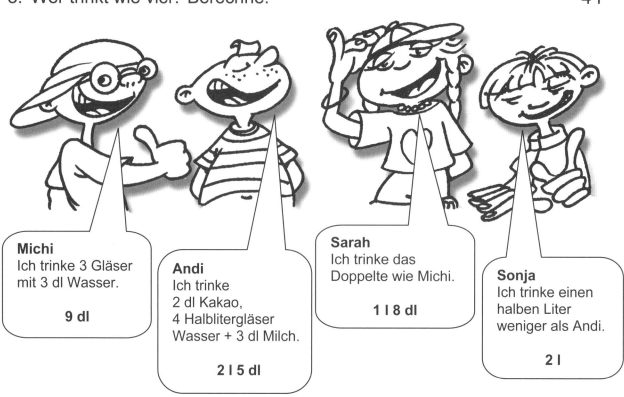

Michi
Ich trinke 3 Gläser mit 3 dl Wasser.

9 dl

Andi
Ich trinke 2 dl Kakao, 4 Halblitergläser Wasser + 3 dl Milch.

2 l 5 dl

Sarah
Ich trinke das Doppelte wie Michi.

1 l 8 dl

Sonja
Ich trinke einen halben Liter weniger als Andi.

2 l

9. Bemale die Flaschendeckel mit dem gleichen Volumen mit dergleichen Farbe. 4 P

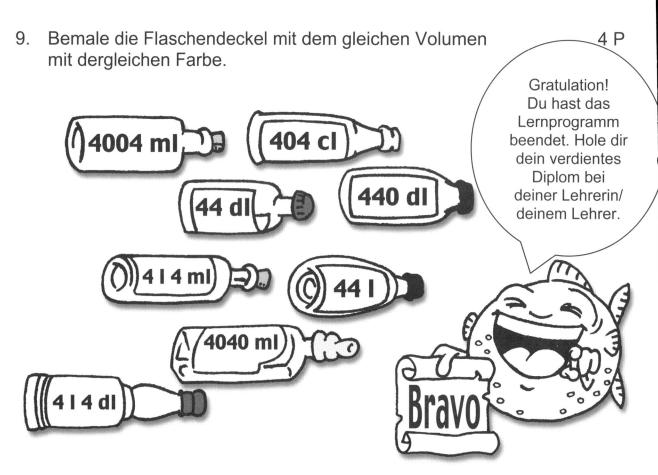

Gratulation! Du hast das Lernprogramm beendet. Hole dir dein verdientes Diplom bei deiner Lehrerin/ deinem Lehrer.